Werner Wiater

Vom Schüler her unterrichten

Eine neue Didaktik für eine veränderte Schule

Auer Verlag GmbH

„Wer versucht,
das Korn dadurch zum Wachsen zu bringen,
dass er an den Halmen zieht,
verringert die Ernte."

Chinesisches Sprichwort

Gedruckt auf umweltbewusst gefertigtem, chlorfrei gebleichtem
und alterungsbeständigem Papier.

1. Auflage. 1999
Nach der Neuregelung der deutschen Rechtschreibung

Gesamtherstellung: Ludwig Auer GmbH, Donauwörth
ISBN 3-403-0**2663**-9

Inhaltsverzeichnis

Zur Einführung

SchülerInnen als Subjekte des Lernens

Der Didaktik wird heute oft der Vorwurf gemacht, sie habe sich mehr und mehr von der tatsächlichen Schul- und Unterrichtspraxis entfernt, berücksichtige nicht die Veränderungen in Kindheit, Jugend und Gesellschaft, tauge folglich immer weniger zur Bewältigung der tatsächlichen Probleme des Unterrichtens und Lernens. Zur gleichen Zeit „boomen" Unterrichtsmodelle und Stundenbilder zum offenen Unterricht, zur Freiarbeit, zum Wochenplan und zum Projekt. Die Praxis, die sich dazu herausgebildet hat, funktioniert weitgehend theorielos. Das aber macht sie anfällig für kritiklose Akzeptanz, globale Übernahme oder unreflektierte Ablehnung. Das vorliegende Didaktikbuch sucht hier einen Ausweg. Denn die heutigen Schwierigkeiten beim Unterrichten und Lernen veranlassen zur Suche nach anderen Formen und „Architekturen", nach einem grundsätzlichen Perspektivenwechsel vom Pädagogen auf den Edukanden, vom Erwachsenen auf das Kind/den Jugendlichen, von der Institution auf die von ihr Betroffenen, vom Bildungsgut der Vergangenheit auf die Inhalte einer Schulbildung, die zur unmittelbaren Lebensbewältigung nützen soll. Lehrerinnen und Lehrer spüren die Notwendigkeit eines solchen Wechsels der Perspektive in der alltäglichen Unterrichtspraxis, Erziehungswissenschaftler haben ihn aus Selbstzeugnissen und Befragungen Betroffener als dringlich ermittelt und Wissenschaftstheoretiker durch neue Denkansätze wie Systemtheorie, Konstruktivismus, Handlungstheorie oder transaktional-ökologische Interaktionstheorie untermauert. Das Unbehagen mit dem schüleradaptiv-zielorientierten, „auf den Schüler hin" geplanten Unterricht ist groß, zeigt doch die Erfahrung, dass er in vielen Fällen wegen allzu großer Stofffülle oder methodischer Unzulänglichkeit „am Schüler vorbeigeht". Eine Revision von Unterricht scheint deshalb angebracht. Für die dazu erforderliche Änderung der Perspektive steht der Titel des Buches: „Vom Schüler her unterrichten".

Kinder und Jugendliche werden hier nicht allgemein und ihr Lernen und Verhalten auch nicht „an sich" betrachtet. Vielmehr rücken sie als Schülerinnen und Schüler in den Blick, als Mitglieder einer gesellschaftlichen Institution, die sie zum bildenden Lernen herausfordern, anregen und unterstützen soll. Denn Schüler ist man nicht, zum Schüler wird man, mit dem Schuleintritt. Von diesem Moment an kommen die Jungen und Mädchen in eine neue Rolle, haben Arbeiten und Aufgaben zu erledigen, leben den Vormittag über in einer pädagogischen Institution und bewegen sich von nun an in einem „künstlichen Sondermilieu", dessen Hauptmerkmal es ist, Lernort zu sein.

Nach *Brockhaus* sind Schülerinnen und Schüler „Angehörige einer Schule, Lernende (bes. wer von einem Meister lernt)" und ist „schülerhaft" so viel wie „unreif, unselbstständig, noch unvollkommen". In der Sprache der Schulverwaltung tauchen Schüler meist als „Material", „Potential", „Masse", „Ströme" und „Population" auf. Das Schulrecht hat hingegen eine differenziertere Vorstellung von ihnen. In rechtlicher Hinsicht sind sie nämlich „nicht etwa bloß Objekte staatlicher Schulhoheit", sondern – unabhängig vom Alter – Träger von Rechten und Pflichten" (BVerfGE) und in ihrer Personenwürde und in ihren Grundrechten immer zu respektieren. Die Länderschulgesetze tragen dem Rechnung und gestehen jedem Schüler, gleich welchen Alters,

- ▷ ein Recht auf Bildung
- ▷ Beteiligungs- bzw. Mitwirkungsrechte im Unterricht und in der Schule
- ▷ ein Informationsrecht über den eigenen Leistungsstand und über die Schule
- ▷ ein Beschwerderecht bei ungerecht empfundener Behandlung oder Beurteilung sowie
- ▷ ein Recht auf freie Meinungsäußerung in einem sachlichen Zusammenhang, sofern nicht die Persönlichkeitsrechte anderer tangiert werden,

zu.

Diese Rechte werden allerdings immer zusammen mit Pflichten genannt, mit der Schul- und Unterrichtsteilnahmepflicht, mit der Pflicht zur Einhaltung der Schulordnung und zur Unterlassung von Störungen in Unterricht und Schule.
Dass Schülerinnen und Schüler in ihrer Subjektivität zu achten sind, weiß die moderne Pädagogik seit dem Aufklärungsjahrhundert. Sie sieht in ihnen Kinder, Jugendliche und junge Erwachsene auf dem Weg der eigenen Persönlichkeitsbildung und definiert sie deshalb als Subjekte im schulischen Lernprozess und nicht als Objekte schulischer Belehrung.
Was Schülersein konkret bedeutet, weiß jeder aus der eigenen Schulzeit. Wie es um die Rechte und Pflichten, das Subjekt und das Objekt im Schulunterricht steht, dazu verfügt jeder über persönliche Erfahrungen. Unüberhörbar sind heute die Klagen, der Unterricht beachte die genannten rechtlichen und pädagogischen Forderungen zu wenig, unüberhörbar gleichzeitig aber auch die Gegenklagen von Lehrerseite über störende, lernunwillige und desinteressierte Schülerinnen und Schüler, die einen solchen Unterricht gar nicht erst ermöglichen. Eine Dilemmasituation, die nach Klärung verlangt!

1. SchülerInnen sind anders

„In meinen Augen ist der Schüler von heute sehr unkonzentriert und zu sehr von Medien etc. beeinflusst. Andererseits ist der heutige Schüler oft auch sehr selbstsicher und weiß meist sehr genau, was er will und traut sich sehr wohl auch, dies dem Lehrer zu sagen. Ein weiterer Teil des Bildes von dem Schüler heute ist geprägt durch Störungen verschiedenster Art, die meist auf die Familiensituationen zurückzuführen sind. Aber eigentlich muss ich feststellen, je mehr ich mir „den“ Schüler von heute vorstelle, desto mehr merke ich, dass es einfach kein einheitliches Bild ergibt – vielmehr eine Art Zweiteilung. Einerseits – andererseits. Einerseits oft sehr gefördert (mit allen Mitteln) – andererseits spricht er oft nicht einmal deutsch. Einerseits sehr kreativ, phantasievoll, interessiert, andererseits unruhig, ständig auf der Suche nach etwas Neuem, teilweise rücksichtslos und grob. Andererseits aber eben auch aufgeschlossen. Ich kann kein Bild von Schülern heute geben.“

(aus einer Umfrage unter Lehramtsstudierenden)

Die Überschrift „SchülerInnen sind anders“ verlangt nach einer Ergänzung: anders als früher, anders als man gedacht oder für möglich gehalten hätte, anders als in den Medien dargestellt, anders als in den Lehrplänen vorausgesetzt usw. Sie veranlasst auch, das Anderssein der Schülerinnen und Schüler zu präzisieren: unkonzentrierter, unwilliger, uninteressierter, unerzogener, undisziplinierter, unfähiger, unsozialer, unsteter, dann aber auch wieder selbstständiger, selbstbewusster, offener, kommunikativer, freier, spontaner, engagierter, neugieriger und hilfsbereiter. Schülerinnen und Schüler geben mit dem, was sie sagen und tun, vielfach Rätsel auf, kommen Lehrerinnen und Lehrern oft wie unbekannte Wesen vor. Der Grund dafür ist in den veränderten privaten und gesellschaftlichen Bedingungen zu sehen, unter denen sie heute aufwachsen.

1.1 Leben in fünf Welten

Die 6- bis 18-Jährigen leben heute gleichzeitig in fünf verschiedenen „Lebenswelten“ mit teilweise grundverschiedenen Verhaltensmustern: Familie, Schule, Gleichaltrige, Medien, gesamtgesellschaftliche Praxis.

Familie

Unbestritten gibt es sie noch, die Familie als stabiles soziales Netz mit festen Bezugspersonen, verantwortungsbewussten Lebensorientierungen und Sorge um die gesunde Persönlichkeitsentwicklung der Kinder und Jugendlichen. Es stimmt aber auch, dass viele Elternhäuser heute Baupläne haben, die all das nicht fördern, und dass sogar für eine nicht geringe Zahl von Schülerinnen und Schülern das Aufwachsen mit den leiblichen Eltern große psychosoziale Belastungen mit sich bringt. Die Trennung der Eltern, immer neuer Wechsel in der Partnerbeziehung der allein erziehenden Elternteile, keine Zeit für die Kinder wegen hoher beruflicher Beanspruchung von Vater und Mutter, Armut, beengte Wohnverhältnisse, mehrfacher Wohnortwechsel, Alkohol- und Drogenprobleme in den Familien sind die meistgenannten Gründe dafür; vielen Eltern sind ihre Kinder lästig, weil sie sich anderes von ihnen erwartet hatten, sie kümmern sich deshalb nicht um sie; andere wiederum belasten ihr Kind dadurch, dass sie es durch anspruchsvolle Freizeitbeschäftigungen und Zusatzunterricht völlig verplanen, oder dadurch, dass sie – unsicher und verunsichert über die „richtige“ Erziehung – das Kind sich seine Verhaltensregeln selbst finden lassen.

Erfahrungen in der Familie, mit Eltern, Geschwistern und Verwandten sind aber in den ersten drei Lebensjahren prägend und nachgewiesenermaßen noch über das 11. Lebensjahr hinaus hochbedeutsam. Überfordern die zu Hause gemachten Erfahrungen die Verarbeitungsmöglichkeiten der Kinder und Jugendlichen, kommt es zu den Folgen, die Lehrerinnen und Lehrer tagtäglich beobachten: Mindestens 10–12% der Grundschulkinder weisen psychische Störungen im Gefühls-, Wahrnehmungs-, Bewegungs-, Verhaltens- und Leistungsbereich auf, bei Jugendlichen steigen die Zahlen auf 15–20%; jeder dritte Schüler zeigt mittlerweile Verhaltensauffälligkeiten; Suchtabhängigkeit liegt bei etwa 3% der Jugendlichen vor, ebenso groß ist die Prozentzahl der Kinder und Jugendlichen, die körperlich, psychisch oder sexuell misshandelt werden. Wachsende Verrohung und Gewaltbereitschaft der Schülerinnen und Schüler beklagen 83% aller Großstadtlehrer und belegen 100 000 registrierte Verletzte an deutschen Schulen; fast jeder dritte Schüler wurde im letzten Jahr Opfer von Gewalttätigkeiten und Diebstählen in der Schule. Auffällig sind aber auch die Mädchen und Jungen, die in der Schule und im Unterricht still und eher resignativ sind; denn nicht selten lösen sie ihre Probleme durch Ersatzbefriedigung (z. B. Rauschmittel, Medikamente) oder durch Autoaggression (z. B. Magersucht, Bulimie, Selbstverletzungen). Auf der anderen Seite steigt die Zahl der Schüler, die – nicht selten durch das Elternhaus unterstützt – nur auf ihren Vorteil achten, immer und überall die Aufmerksamkeit auf sich lenken wollen, keine lerngruppenbedingten Einschränkungen unwidersprochen hinnehmen und ihren Egozentrismus durchzusetzen versuchen (Hurrelmann 1990; Baacke 1992/1993 u. a.).

Schule

Die Schule erfüllt für die Gesellschaft einen Bildungs- und Erziehungsauftrag. Sie soll Kindern und Jugendlichen zum systematischen Weltverstehen verhelfen, d. h. sie sachkompetent machen, ihnen (zweitens) zur Ausbildung ihrer Fähigkeiten und Veranlagungen verhelfen, d. h. sie sich individuell und sozial entfalten lassen („Selbst- und Sozialkompetenz"), und schließlich (drittens) sie zu einem reflektierten und verantwortlichen Engagement für eine humanere Welt anregen („Weltgestaltung"). Im Rahmen dieser Bildungsaufgabe erzieht sie zu den Werten, die Grundlage der Menschenrechte sind und das demokratische Ethos bestimmen: Toleranz, Rücksicht, Friedfertigkeit, Verantwortlichkeit und soziale Selbstverpflichtung.
Als Ort des bildenden Lernens und der personal-sozialen Erziehung konfrontiert die Schule Kinder und Jugendliche mit Verpflichtungen, wobei sie sich bemüht, diese kind- bzw. jugendgemäß und in einer angenehmen Atmosphäre und Umgebung zu präsentieren. Schule ist, so kann man sagen, bei der Erfüllung ihres Auftrages durch Polaritäten bestimmt, die – dialektisch – weder zur einen noch zur anderen Seite hin auflösbar sind. Solche Polaritäten sind:

Pflichten	–	Eigeninteressen
Anstrengungen	–	Spaß
Fordern	–	Fördern
Leistungserbringung	–	Muße/leistungsfreie Zeiten
Gegenwirken	–	Unterstützen
Zukunftsorientierung	–	Gegenwartsorientierung

Die Institution Schule und die in ihr arbeitenden Lehrerinnen und Lehrer tragen dafür Sorge, dass die gesellschaftlich erwarteten Bildungs- und Erziehungsleistungen mit dem erwünschten Ergebnis erbracht werden. Mit ihren schulbezogenen Verhaltenserwartungen an die Schülerinnen und Schüler treffen sie in den letzten Jahren aber auf immer mehr Schwierigkeiten:
So beobachten seit Jahren viele Grundschullehrerinnen, dass die Erstklässler zwar ihrer geistigen und körperlichen Entwicklung nach schulreif sind, nicht jedoch hin-

sichtlich der für das Lernen in der Schule nötigen Einstellungen und Verhaltensweisen; die Schule muss sie in vielerlei Hinsicht erst schulreif machen. Sie beklagen, dass die Lebensprobleme der Kinder den Zugang zum Lernen erschweren und dass die Zahl der Kinder, die den Unterricht stören und das Lernen der anderen be- oder verhindern, zugenommen hat (mittlerweile etwa 3–4 Schüler pro Klasse). Aus allen Schulformen des Primar- und Sekundarbereichs kommt die Klage über Schülerverhaltensweisen, die dem schulischen Lernen abträglich sind, wie Unfugmachen, Clownerie, Prahlen vor der Klasse, Lernunlust und generelles Desinteresse an schulischen Dingen, Unkonzentriertheit, Trotzreaktionen, rüpelhaftes Benehmen, Streitsucht und Uneinsichtigkeit, absichtliches Missachten von Regeln, demonstrativ praktizierte Faulheit und zur Schau gestellte Leistungsverweigerung, Arglist, Schikanen und Gehässigkeiten gegenüber Mitschülerinnen/Mitschülern, innere Abwesenheit, Praktizieren von allerlei Nebenbeschäftigungen, offenkundige Gleichgültigkeit gegenüber allen schulischen Anforderungen und Erwartungen, Wutausbrüche, Freude an Gewalttätigkeiten, tätliche Angriffe, Lust am Zerstören und Destruktivität ohne erkennbaren Sinn (Bach 1992 u. a.).
Und die Schülerinnen und Schüler? Deren Freude an der Schule verliert sich von der 4. Jahrgangsstufe bis zur 13. auf einen Wert von weniger als einem Fünftel, wobei die Schulzufriedenheit bei Mädchen durchgängig höher ist als bei Jungen. Im Durchschnitt geht jeder 4. Sekundarschüler nicht gerne zur Schule, und jeder fünfte ist am Vortag besorgt, ob er anderntags in der Schule zurechtkommen wird (Kanders/Rolff 1996). Zensuren und Zeugnisse erleben die Schülerinnen/Schüler der Sekundarstufe und besonders der gymnasialen Oberstufe (in den Klassen 10 und 11 sind es etwa die Hälfte der Befragten) als negativ. Denn schulische Leistungsforderungen sind für Jugendliche ein besonderes Problem, da von diesen vielfach die Akzeptanz bei den Eltern oder in der Gruppe abhängt. Große Zustimmung finden bei Schülerinnen und Schülern die von Lehrkräften oft beklagten Unterrichtsstörungen oder normabweichenden Verhaltensweisen wie: sich im Unterricht mit anderen unterhalten (96%), mogeln (83%), Hausaufgaben nicht machen (81%), Abfälle liegen lassen (74%), in die Klasse hineinreden (73%), etwas Verbotenes tun (72%), sich im Unterricht anderweitig beschäftigen (z. B. spielen, lesen, essen, träumen, Briefe schreiben, trinken usw.), sich vom Lehrer nichts sagen lassen (69%) oder Mitschüler während des Unterrichts ärgern (62%) (vgl. Holtappels 1987). Als Gründe nennen die Befragten andauernde Langeweile, Schulunlust, das Bedürfnis nach Spaß, Abwechslung und „Action“, Antipathie gegen Lehrer oder Mitschüler sowie die Absicht, zu erfahren, wieweit man gehen darf. Umgekehrt wissen die befragten Schülerinnen und Schüler auch, wie man mit der Schule und den Lehrern umgehen muss, um sich durchzulavieren. 77% setzen auf Taktiken, sich nicht erwischen zu lassen, 64% meinen, es käme hauptsächlich darauf an, dem Lehrer zu zeigen, man gebe sich Mühe. Viele Schüler – bereits in der Sekundarstufe I – gehen neben der Schule einer bezahlten beruflichen Nebentätigkeit nach. Berücksichtigt man, dass sie im Durchschnitt 7 Stunden pro Tag für Unterricht und Schulweg benötigen, und rechnet man noch 1 bis 2 Stunden wochentags für Hausaufgaben hinzu, dann kommen Schülerinnen/Schüler auf eine Wochenarbeitszeit von über 40 Stunden. Arbeiten sie dann noch nebenher, erreichen sie auch ggf. 70 Stunden

pro Woche, was fraglos Auswirkungen auf das schulische Lernen, die Beteiligung und Anwesenheit in der Schule hat.
Dass so viele Schülerinnen und Schüler gegenüber der Schule auf kritische Distanz gehen, erklären Schulforscher mit einer unverkennbaren Dysfunktionalität zwischen der Institution Schule und den Anliegen der Heranwachsenden. Vor allem den 12- bis 18-Jährigen liegt in diesen Jahren an der Ausprägung ihrer eigenen Identität durch Erfahrungen mit sich, mit Gleichaltrigen und mit Lehrern. Sie gehen zur Schule – wozu sie gezwungen sind – wegen der sozialen Kontakte dort und erwarten, hier ein Gefühl für die eigene Einzigartigkeit entwickeln zu können (Nölle 1995). Stattdessen empfinden sie sich in der Schule als Adressaten von Unterricht, von Normen und Verhaltensbeeinflussungen, von Leistungsforderungen und von lehrerbezogenen Interaktionen – was im übrigen oft nicht mit ihren außerschulischen Selbstentscheidungserfahrungen zusammenpasst.

Gleichaltrige

Vom ersten Schuljahr an entwickelt sich die Gleichaltrigkeit als weitere Lebenswelt der Jungen und Mädchen. Fühlen sich Kinder im Elternhaus nicht akzeptiert und stoßen sie in der Schule auf Schwierigkeiten oder Ablehnung, dann suchen sie bereits im Grundschulalter nach personalen Kontakten und Verhaltensorientierungen außer Haus. Entwicklungsbedingt wird die Peergroup in der Pubertät für die meisten Jugendlichen zur dominanten, teilweise sogar exklusiven Sozialisationsagentur und zum entscheidenden Beziehungsnetz. Zwei Drittel der Jugendlichen mögen es, in ihrer freien Zeit zusammen mit Freunden/Freundinnen oder Bekannten Sport zu treiben, Musik zu hören, lange und tiefe Gespräche über Gott und die Welt zu führen, auszugehen oder ohne Vorplanung etwas zu unternehmen. Die meisten von ihnen wenden sich an Gleichaltrige, wenn sie Rat und Hilfe brauchen. Von Altersgleichen erwarten sie sich die Orientierungen, die sie von Eltern oder anderen Erwachsenen nicht bekommen oder nicht annehmen. Lebenslaufbedingte Unsicherheiten, Ängste wegen der unüberschaubaren beruflichen und privaten Zukunft, Hoffnungen, Sehnsüchte und Begehren bestimmen ihre Suche nach einem intensiven, interessanten Leben in der Gegenwart, das sie am ehesten in der außerschulischen und außerfamilialen Freizeit erwarten. Dort ist nichts verboten oder vorstrukturiert und so ziemlich alles erlaubt (vgl. Baacke 1987; Hurrelmann 1994; Ferchhoff/Sander/Vollbrecht 1995; Janke/Niehaus 1995; Poschardt 1996). Man sucht die Nähe von Gleichgesinnten, ein verwandtes Lebensgefühl, gleiche Präferenzen und Interessen. Enge Freundschaften, Jugendgruppierungen und Jugendbanden in der Nachbarschaft üben auf Jugendliche oft eine Sogwirkung aus. So unterschiedlich diese Gruppierungen auch sein mögen – die Bandbreite ist groß und geht von Sportvereinen, Pfadfindergruppen, Schützenvereinen, Jugendfeuerwehr und Jugendrotkreuz über Fanklubs, Diskofans, Musikszenen, Motocrosser, Partylöwen, Graffitisprayer, Skateboarder, Freeclimber, Hooligans, Crashkids, S-Bahn-Surfer bis hin zu Gruftis, esoterischen, okkultistischen und Satanskult-Gruppen, Skinheads, Punks und Drogenfreaks –, all diese Jugendkultnischen, deren Zahl auf über 200 verschiedene Arten geschätzt wird, haben Entscheidendes gemeinsam: eine überschaubare Struktur, klare Verhaltensnormen, ein verlässliches soziales Netz für

jedes Mitglied durch Solidarität und Wir-Gefühl, Rangordnung und Leistungsaufstieg sowie ein Identitätsgefühl durch Bekleidung, Frisur, Schmuck, Sprachcode, Aktivitäten und Freund-Feind-Denken.
Das gemeinsame Lebensgefühl der Jugendszenen, selbst wenn sie durch gruppeninterne Normen der einzelnen Peergroups in Wirklichkeit stark institutionalisiert sind, wird durch die Sehnsucht nach Freiheit, Sich-nicht-festlegen-Wollen bestimmt. In der Gruppe haben Emotionalität, Beziehung, Begeisterung, Risikobereitschaft, Körpererfahrung und Grenzerfahrungen, Nervenkitzel, Mutprobe und Thrilling, Durchbrechen der Normalität und Bedürfnis nach Ausstieg, Selbsterfahrung und Kickerleben in allem, was aufregend, spannend, sensationell und ungewöhnlich ist, einen überragenden Stellenwert. Die Jugendlichen praktizieren hier eine „Gegenkultur" zur Kultur der Schule mit ihrem durchorganisierten Lehr- und Lernbetrieb. Jugendpädagogische Untersuchungen belegen für die Alltagskultur und den Lebensstil der heute 13–18-Jährigen einen markanten Wandel der so genannten Kulturpubertät. Der heutigen Jugend ist es vornehmlich um Selbsterfahrung durch selbstbestimmte Tätigkeiten (vgl. Musikpräferenzen, Mode, Versportung, privater Genuss, favorisierte Haltungen und Charaktere) und um die Erfahrung von Gemeinschaftlichkeit und Nähe in Gleichaltrigengruppen (vgl. den Kult der Geselligkeit mit einer jugendspezifischen Sprache) zu tun. Hintergrund dieser Lebensform, die als aktiv, experimentell, in hohem Maße sozial unverbindlich und soziokulturell separierend beschrieben werden kann, sind nicht allein die für das Jugendalter typische Deidentifikation mit der Erwachsenengesellschaft und die Distanzierung von deren normativ besetzten Kulturtraditionen. Vielmehr wird dahinter die allgemeine gesellschaftliche Tendenz zur Individuierung und Biografisierung aller Entscheidungen, Haltungen und Einstellungen erkennbar, die mit dem Übergang der bundesrepublikanischen Gesellschaft von der arbeitsintensiven Industriegesellschaft zur konsumorientierten Dienstleistungsgesellschaft zusammenhängt. Problematisch ist daran indes die von Jugendlichen demonstrativ praktizierte Ablehnung des „modernen okzidentalen Rationalismus" (M. Weber) bei gleichzeitig hohen Ansprüchen an ein erfülltes Leben. Diese Ablehnung trifft die wichtigsten Elemente des abendländischen Weltbildes: Rationalität, Leistungsorientierung, Instrumentalisierung der Natur/Welt in Technik, Wissenschaft und Alltagspraxis sowie (als deren Folge) eine methodisch kalkulierte Lebensführung. Zwar stellt die Jugendkultur Sinnmuster gemeinschaftlicher und persönlicher Lebensgestaltung und sozialen/solidarischen Umgangs dagegen, dies jedoch meist gesellschaftlich verantwortungsfrei und sozial unverbindlich. Daher steht die Jugend in der Gefahr, sich als Gleichaltrigengruppe selbst zu sozialisieren und auf diese Weise aus der Kulturgeschichte auszugrenzen.

Medien

Im Durchschnitt verbringen Kinder und Jugendliche während ihrer Schulpflichtjahre mehr Stunden vor dem Fernseher als in der Schule. Medien haben im Tagesrhythmus der Kinder und Jugendlichen große Bedeutung. Das gilt für das Lesen von Büchern und Zeitschriften ebenso wie für das Musikhören per Stereoanlage oder Walkman, für den Fernseh- und Videokonsum und die Computernutzung. Es

spannt sich über ihren Alltag ein „Mediennetz“, ein Verbundsystem von Medien, meist kombiniert mit Werbung, sodass die Wirkungen des einzelnen Mediums kaum noch isoliert betrachtet werden können. Leitmedium ist das Fernsehen. Es steht bei 89% ganz oben auf der Rangskala der Beschäftigungen, erst recht, seit es Video gibt. Durchschnittlich sitzen die 6–13-Jährigen etwa 2 Stunden täglich vor dem Fernseher, am Wochenende werden es leicht mehr und auch viel mehr; viele von ihnen haben einen eigenen Fernseher und etwa 10% ein eigenes Videogerät im Zimmer, jeder Dritte hat einen Computer zur Verfügung. Die Hauptfernsehzeit liegt für Schülerinnen und Schüler nach 18.00 Uhr, dann also, wenn speziell für Kinder produzierte Sendungen fast nicht mehr ausgestrahlt werden; jedes 4. Kind schaut auch noch nach 23.00 Uhr fern, wenn erwachsenenorientierte Action-, Science-Fiction-, Gewalt-, Horror- und Sexfilme das Programm bestimmen. Vielseher bringen es wegen der vielen Fernsehkanäle auf bis zu 70 angeschaute Mordszenen pro Tag. Videofilme sehen sich etwa 20% der Schüler täglich oder zumindest mehrmals pro Woche an, hauptsächlich männliche Haupt- und Berufsschüler aus der Stadt. Letztere bevorzugen nach eigenen Angaben Videos mit Gewaltszenen, die Hälfte von ihnen nennt in diesem Zusammenhang unerlaubte, indizierte und beschlagnahmte Videos, wobei der Anteil der Nutzer solcher Produktionen mit Szenen von Verrohung, sexuellem Missbrauch, Rassismus, brutalster Gewaltanwendung unter den 12–13-Jährigen fast 20% bei indizierten Videos und 5% bei beschlagnahmten Videos ausmacht (Lukesch 1989). Was den Kontakt mit verbotener Software (Gewalt-, Kriegs- oder Nazisoftware) anbetrifft, so sehen die Zahlen etwa gleich aus.
Zu bedenken ist, dass die Bilderwelt des Fernsehens bei der Generierung und Entwicklung des kindlichen Weltbildes von großer Bedeutung ist; sie wirkt sich auf die Wahrnehmung, auf die Form der Erfahrungsgewinnung und den Realitätszugriff, auf die Kommunikations- und Interaktionsformen, auf die Weltinformationen und die vermittelte Welterklärung sowie auf die Bedürfnisbefriedigung von Kindern und Jugendlichen aus. Kinder bis zu etwa 7 Jahren können nicht zwischen imaginierter Wirklichkeit und realer Wirklichkeit unterscheiden, Illusionen, Klischees, Einseitigkeiten und Perspektiven nicht erkennen; sie entwerfen sich eigene Erklärungsmuster für Unverstandenes, da ihnen die Möglichkeit, das Gesehene mit selbst gemachten Erfahrungen zu überprüfen, fehlt. Das Auseinanderklaffen zwischen medialer Fiktion und tatsächlicher gesellschaftlicher Realität kann aber dazu führen, die gezeigten Verhaltensweisen und besonders die enthaltenen Berufs- und Geschlechtsrollen für die richtigen zu halten, zumal deren Präsentation in der Regel auf die Emotion und nicht auf die Kognition abzielt (vgl. Barthelmes 1987). Die durchwegs hohe Glaubwürdigkeit des Fernsehens bei Kindern und Jugendlichen unterstützt dies. Schließlich suchen sie gerade in den Medien Antworten auf ihre unausgesprochenen Fragen nach dem „richtigen Leben“, erhoffen sich Hilfen bei ihrer eigenen Sozialisation und erwarten sich Anregungen, wie sie sich selbst und die anderen Menschen verstehen können (Theunert 1995).
Die Informationsaufnahme durch das Bild verbunden mit intensiven nonverbalen Äußerungen (z. B. Schreie, Kreischen, laute Geräusche) wird bei Kindern, die von früher Kindheit an fernsehen, besonders ausgeprägt und schränkt deren Sprache

und Sprechen, aber auch ihre Fähigkeit zum Zuhören ein. Ihr restringierter Sprachcode weist überproportional viele Ein-Wort-Sätze, Ausdrücke aus der Fäkaliensprache und unvollendete Satzfragmente auf sowie ein Ausweichen auf Mimik, Gestik, Treten, Spucken, Schlagen und andere Formen der „Körpersprache".
Überhaupt ändert sich das Informationsaufnahmeverhalten der Kinder und Jugendlichen, wie an den von ihnen bevorzugten Musiksendern gezeigt werden kann, die in schneller Folge Videoclips, Musikeinspielungen, kurze Diskussionsbeiträge zu Problemen von Jugendlichen, Informationen zur Musikszene und Telefon-Fax-Zuschauerinteraktionen ausstrahlen. In diese Sender schaltet man sich ein, wann und wie lange man will, rund um die Uhr, je nach Interesse und Lust, oder lässt sie nebenbei laufen. Auf längere und komplizierte Handlungsmuster braucht man sich dort nicht zu konzentrieren; die Programmstruktur erlaubt, jederzeit abzuschalten oder einzuschalten oder wegzusehen und sich mit anderem zu beschäftigen. Information und Unterhaltung sind hier – wie auch bei anderen Fernsehkanälen und bei vielen Computerprogrammen – eng verknüpft. Verstehensvoraussetzungen benötigt man nicht, Geduld und Konzentration werden nicht verlangt, Argumentationen sind meist nur der Austausch von beliebigen persönlichen Meinungen (vgl. auch Postmann 1985). Das hat Folgen für das Rezipientenverhalten der Schülerinnen und Schüler in der Schule. Eine systematisch geplante Abfolge von Lernschritten bereitet vielen von ihnen Konzentrationsprobleme, und sie klagen über Langeweile, wenn der Unterhaltungswert des Unterrichts gering, die Veranschaulichung nicht medienwirksam genug und der schnelle Wechsel von Effekten nicht in erwarteter Weise gegeben sind.

Gesamtgesellschaftliche Praxis

Seit Jahren befindet sich die bundesrepublikanische Gesellschaft im Umbruch. Schlagworte wie „Pluralisierung der Lebensformen und Wertvorstellungen", „Kommerzialisierung aller Lebensbereiche", „abstrakte und anonyme Informationsgesellschaft", „gesteigerte wissenschaftlich-technische Entwicklungsdynamik", „Internationalisierung des Wirtschaftens und Globalisierung der Märkte", „Multikulturalität" und „Probleme bei der Steuerung komplexer Systeme" deuten das hohe Maß der Veränderung an. In deren Gefolge ist es zur Auflösung sozialer Schichten, zum Verlust gängiger Vorstellungen von Mensch und Welt und zum Rückgang allgemein akzeptierter Verhaltensregeln (vgl. „Das kannst du doch nicht machen!", „Das tut man doch nicht!") gekommen. Neoliberalistische Denk- und Handlungsmuster, naturwüchsige Vorstellungen vom Recht des Stärkeren oder Besitzenden und hohe Erwartungen und Ansprüche an den Staat oder die Gemeinschaft sind ebenso zu beobachten wie Versagens- und Zukunftsängste, Resignation, Flucht in Scheinwelten (Rauschmittel ebenso wie Esoterik) und totales Ausleben der Gegenwart. Konsumieren können und Freizeitvergnügen haben dominieren derzeit das medial vermittelte und von vielen praktizierte Lebensideal. Geld, Genuss und Macht (auch mittels Gewalt) erscheinen vielfach als die eigentlichen Werte und Normen. Aus der gesamtgesellschaftlichen Praxis, also der Art und Weise, wie in der Gesellschaft erfolgreich gehandelt und soziale Anerkennung erworben wird, entnehmen Kinder und Jugendliche anschaulich, welche Regeln in dieser Gesellschaft tatsächlich gelten. Ihres eigenen Selbstwertgefühls und ihrer eigenen sozialen Akzeptanz wegen werden viele von ihnen den tatsächlich und erfolgreich praktizierten Verhaltensweisen in der Gesellschaft mehr Geltung zusprechen als den hehren Zielen von Verfassungs- und Lehrplanpräambeln. Die Erwachsenengesellschaft mit den Regeln, nach denen sie tatsächlich in der Alltagspraxis funktioniert, ist den Kindern und Jugendlichen ein vorgelebtes Realitätsmodell. So erklärt sich leicht, warum in der Schulklasse zählt, wer die neueste Markenkleidung trägt, wer sein Pausenbrot kauft und nicht mitbringt, wer jedes Modespielzeug sofort hat und die neuesten CDs besitzt usw. Auf diesem Hintergrund ist in vielen Fällen auch zu sehen, warum Schülerinnen/Schüler stehlen, von anderen Geld erpressen und mit Gewalt gegen sie vorgehen – um nur einige Beispiele zu nennen. Umgekehrt wiederum schlägt auch die Kehrseite der gesellschaftlichen Entwicklung im Verhalten der Kinder und Jugendlichen zu Buche. Bekommen sie nämlich mit, dass ihre Eltern trotz großer Anstrengungen und Umschulungen keinen Arbeitsplatz finden, dass ihre älteren Schulkameraden nach zahllosen Bewerbungsschreiben immer noch keinen Ausbildungsplatz in Aussicht haben, dann braucht es nicht zu verwundern, wenn ihre Leistungsmotivation und Anstrengungsbereitschaft sinken. Das Gefühl, in dieser Gesellschaft nicht gebraucht zu werden, ist nicht nur für den Einzelnen enttäuschend, sondern für die Gesellschaft insgesamt destruktiv. Die Folgen der verwöhnenden Wohlstandsgesellschaft und der arbeitslosen Wohlfahrtsgesellschaft sind für Kinder und Jugendliche gleichermaßen gefährlich.

Sich tagtäglich in fünf verschiedenen Lebenswelten zu befinden, macht die Situation der Schülerinnen und Schüler schwierig. Denn die Verhaltensregeln und Erwartungen, die in der einen gelten, treffen in den seltensten Fällen auch für die anderen zu. Dennoch gibt es eine Gemeinsamkeit festzustellen. Die heutigen Kinder und Jugendlichen treffen immer mehr Entscheidungen selbst, suchen sich die Orientierungen für ihr Verhalten selbst und sind aufgrund dessen vielfach stark ichbezogen. Gleichzeitig zeigen sie in ihrem Verhalten, dass sie in ihrer Lebenssituation psychosozial belastet und mit ihrer Selbstverwirklichung in der pluralen und normativ-disparaten Gesellschaft überfordert sind.

1.2 Was sagt die Theorie dazu?

Im Schulunterricht fallen Kinder und Jugendliche durch die Eigenarten ihres Verhaltens auf. Das gemeinsame Lernen zusammen mit anderen und unter Anleitung und Hilfe von Lehrerinnen und Lehrern verlangt ihnen bestimmte Verhaltensweisen ab. Halten sie sich nicht an die institutionsbedingten Umgangsformen und Normen, so sind sie „auffällig". Um ihnen zu einem Verhalten verhelfen zu können, das das Lernen und Zusammenleben in der Schule nicht „stört", brauchen Lehrer Erklärungsmodelle für dessen Zustandekommen und für pädagogische Einflussmöglichkeiten. Diese bieten neuere Ansätze in der Systemtheorie, der Handlungstheorie und der Sozialisationstheorie. Sie überwinden eine Sichtweise, die die Ursache für das Verhalten von Kindern und Jugendlichen ausschließlich in deren Person oder in deren Umwelt sucht. Statische Erklärungsmodelle, die den Grund allein in Personeigenschaften oder im familialen Umfeld sehen, sind durch die heute allgemein akzeptierte mehrperspektivisch-ökologische oder systemische Sichtweise widerlegt.

Die Systemtheorie

In der Pädagogik kennt man den Systembegriff seit längerem. So wurden beim Menschen bestimmte Aufgaben und Funktionen als Systeme verstanden, womit deren Organisation als gegliederte, geordnete Ganzheiten gemeint war. Beispielsweise sprach H. Roth in seiner Pädagogischen Anthropologie vom menschlichen Merk- und Orientierungssystem, Antriebs- und Bedürfnissystem, Wertungssystem, Wirk- und Leistungssystem, Lernsystem und lebenserhaltenden Steuerungssystem (1971). Davon unterscheidet sich der heute geläufige, moderne Systembegriff, der sich in den letzten Jahren in Pädagogik und Didaktik durchgesetzt hat, wesentlich. Er leitet sich nämlich aus der Biologie her, genauer von der Vorstellung, dass biologische Systeme sich selbst organisieren (vgl. H. R. Maturana). Für die Pädagogik nutzbar gemacht wurde er durch die Redeweise von „sozialen Systemen", worunter sinnhaft aufeinander bezogene, kommunikative Handlungen von Personen verstanden werden (vgl. N. Luhmann), sowie durch die Überlegung, dass der Mensch in Wirklichkeit ein Körper-Geist-Netzwerk ist (vgl. Büeler 1994). Er gilt als ein komplexes, bio-psycho-sozial-kognitives System, das eine Fülle von Subsystemen integriert (z. B. das neuronale System, das hormonelle System, das Immunsystem, das genealogische [genetische] System, das Wahrnehmungssystem, das Motivationssystem, das Verhaltenssystem). Aufgrund von Austauschprozessen mit seiner Umwelt bildet der Mensch nun auf dem Weg über die Selbstorganisation dieser Systeme auf individuelle Weise seine Persönlichkeit, sein Selbstbewusstsein und seine Identität aus. Infolgedessen kann man sagen, die Persönlichkeit ist ein selbstorganisiertes System (Büeler 1994, 159 ff.).
Im Sinne der Systemtheorie ist jeder Mensch, jede Gruppe und jede Institution also (erstens) ein komplexes Ganzes mit Elementen, die zueinander und zum ganzen System in Beziehung stehen, hat (zweitens) bestimmte Funktionen der Selbsterhaltung und Selbstentfaltung, grenzt sich (drittens) durch seine Typik von anderen Systemen ab und steht (viertens) mit anderen Systemen in Beziehung. Systeme sind hochkomplex, haben eine innere Selbstorganisation, sind operational geschlossen, grenzen sich zwar nach außen ab, sind aber energetisch nach außen offen. Ihr Organisationsprinzip ist nicht Ordnung, sondern eine Kombination von Unordnungen. Auch sind sie nicht immer eindeutig, an kritischen Punkten verhalten sie sich sogar chaotisch und entwickeln ein radikal neues, unerwartetes Verhalten. Daran erkennt man ihre Wesensmerkmale: ihre Autopoiesis (d. h. Selbstbildung und Selbstorganisation), ihre Autokatalyse (d. h. Selbstverstärkung), ihre Autoreflexivität (d. h. Selbstthematisierung und Selbstreferenz), ihre Homöostase (d. h. Selbststabilisierung) sowie ihre Interferenz (d. h. ständige Wechselbeziehung zu ihrem Inneren und zu ihrer Außenwelt).
So ist es auch beim Menschen, der immer eine sinnhafte Orientierung in der Welt und für sich selbst sucht. Als sich selbst steuerndes System ist der Mensch von außen nicht unmittelbar beeinflussbar, vielmehr wird er angeregt, in bestimmter Weise zu denken oder zu handeln. Ob er die Anregung annimmt, hängt davon ab, wie er sie

autoreflexiv und selbstbezüglich bewertet und wie sie mit seinem Interesse an Identität und Kontinuität im Lebenslauf zusammenpasst. Dabei ist allerdings zu bedenken, dass die Erfahrungen, die ihm die Systeme um ihn herum anbieten, seine Systemverhaltensweisen strukturieren. Dies geschieht umso direkter, je jünger er ist und je basaler die Struktur seines Denkens zu diesem Zeitpunkt ist. Als Umweltsysteme haben sie infolgedessen eine große Bedeutung für seine Entwicklung, da sie die Grundlage für seine Identitätsbildung und seine Systemprozesse sind.

Die Handlungstheorie

Seit den 70er Jahren befasst sich die Forschung wieder verstärkt mit den anthropologischen Grundlagen des menschlichen Handelns. Der Grund dafür liegt in der Beobachtung, dass man das Tun und Verhalten des Menschen nicht schlüssig erklären kann, wenn man es nur „von außen", von seinen wahrnehmbaren Ergebnissen her, betrachtet und beurteilt. Vielmehr muss man die subjektive Logik zu entdecken versuchen, die der Handelnde damit verbindet. Handlungen sind absichtsvolle, zielstrebig und sinnhaft vollzogene Tätigkeiten des Menschen, die teils bewusst und reflektiert, teils unbewusst und spontan erfolgen. Wer handelt, ist Subjekt dessen, was er tut, und nicht Produkt seiner Umwelteinflüsse. Handlungen entstehen aus den verinnerlichten Maximen eines Menschen, wenn sie spontan und ohne Zeit zum Nachdenken vollzogen werden, können schnelle Reaktionen auf „Umweltreize" sein oder überlegte Aktionen zur Erreichung subjektiver Ziele. In jedem Falle deutet der Mensch die Umweltreize und Systemforderungen individuell, ermittelt Entscheidungen nach Affekt und Logik, bilanziert Neigung und Vernunft und entscheidet. Seinen Entscheidungen liegt eine immanente Kausalität zugrunde; sie sind für ihn stimmig und schlüssig, selbst wenn sie objektiv betrachtet falsch, für andere missverständlich, unerwartet oder ohne Sinn sind. Zu berücksichtigen ist ferner, dass Handlungen, sofern sie angeregt werden, auf subjektiven Wahrnehmungsleistungen beruhen. Die Wahrnehmungen aktivieren dann Wissen, Emotion und Können, die in jedem Menschen anders vorliegen.

Menschliches Handeln lässt sich infolgedessen weder durch Konzepte rationaler Entscheidung noch durch Aufdeckung soziologischer Verklammerungen gänzlich erklären. Handeln entsteht vielmehr aus der Integration von Motiven und Maximen, Wissen, Wollen, Emotion und Erfahrung aus Anlass einer wahrgenommenen Situation, die eine spontane oder reflektierte Entscheidung zum Tätigwerden impliziert. Inhaltliche Ausrichtung erhält das Handeln dabei sowohl aus dem soziokulturellen Umfeld, das mit normativen Standards und Sinngebungen ausgestattet ist, als auch aus der psychophysischen Konstitution und den Motiven und Volitionen des einzelnen Menschen. Da Handlungen immer von anderen Menschen in ihrer Bedeutung erfasst werden müssen, kann es jederzeit zu Missverständnissen kommen, zu einer Differenz zwischen der Selbstdeutung des Handelnden und der Deutung einer Handlung durch einen Außenstehenden.

Im Zuge seines Handelns strukturiert der Mensch seinen Handlungsraum aktiv-kognitiv. Dabei greift er auf Wissensbestände zurück, die er in der formalen Ausbildung erworben oder aus der Handlungspraxis bewusst oder unbewusst aufgebaut hat. Er bildet sich eine „subjektive Theorie". Solche subjektiven Theorien sind relativ stabile mentale Repräsentationen, teilweise implizit (nichtbewusstseinsfähig, unreflektiert als Selbstverständlichkeiten oder Überzeugungen), teilweise dem Bewusstsein des Handelnden zugänglich, aktivierbar und explizierbar vorhanden. Sie haben die Argumentationsstruktur von Wenn-Dann-Beziehungen und sind in ihrer Funktion wissenschaftlichen Theorien vergleichbar (vgl. Situationsdefinition, Erklärung und Rechtfertigung eingetretener Ereignisse, Vorhersage bzw. Erwartung künftiger Ereignisse, Generierung von Handlungsentwürfen oder Handlungsempfehlungen zur Herbeiführung oder Vermeidung von Ereignissen). Der Einzelne verändert die subjektiven Theorien nur dadurch, dass er sie aktiviert, problematisiert, Alternativen erprobt und sie daraufhin ersetzt oder ergänzt (Dann 1995; Hierdeis 1996).

Die Sozialisationstheorie

Unter Sozialisation versteht man – allgemein gesprochen – die Einführung von Kindern und Jugendlichen in die soziokulturellen Ordnungen und Maßstäbe (Normen) der Gesellschaft, der sie angehören, damit das von der Sozietät gewünschte oder erlaubte Verhalten und Handeln möglichst gewährleistet ist. Die Sozialisationstheorie versucht, diesen Vorgang genauer zu analysieren und zu beschreiben. In jüngerer Zeit (vgl. Hurrelmann/Ulich 1995) bedient sie sich dazu des Begriffs „Mitgliedwerdung“ und sieht im Menschen ein „produktiv realitätsverarbeitendes Subjekt“. Im Laufe seiner Lebensgeschichte erlangt jeder Mensch durch die aktive Auseinandersetzung mit den ihn umgebenden Menschen und Dingen eine ganz persönliche Organisation von Verhaltensmerkmalen, Eigenschaften, Einstellungen, Handlungskompetenzen und Selbstkonzepten. Allerdings ist er dabei nicht völlig unvoreingenommen und voraussetzungslos. Denn die Umwelten, in denen er aufwächst und lebt, legen ihm spezifische Kommunikations-, Wahrnehmungs-, Deutungs- und Verhaltensmuster nahe. All seine Sozialisationsumwelten – die Kleingruppe und die sozialen Netzwerke (wie Familie und Freundeskreis), die organisierten Sozialisationsinstanzen (wie Kindergarten, Schule, Heim), die sozialen Organisationen der Gesellschaft (wie Ämter, Betriebe, Kirchen, Vereine) oder die politische und kulturelle Struktur der Gesellschaft – favorisieren jeweils bestimmte grundlegende Denk-, Gefühls- und Handlungsmuster, Sprach- und Interaktionsstile. Sie bieten ihm „Mitgliedschaftsentwürfe“ an. Will er in ihnen leben, will er bei ihnen akzeptiert sein, also „Mitglied“ sein, muss er sehen, wie er seine inneren Bedürfnisse mit den Erwartungen, die diese an ihn als Mitglied stellen, zusammen- und in Übereinstimmung bringt. Seine Möglichkeiten reichen hier von totaler Unterordnung bis zum Verzicht auf die Mitgliedschaft, dazwischen liegen Versuche, sich mit seinen Fähigkeiten einzubringen und die soziale Gruppe seinerseits zu beeinflussen. Es handelt sich also um eine persönliche Reaktion des Einzelnen gegenüber den angetragenen Mitgliedschaftsentwürfen, die aus Aneignungen, Distanzierungen, mitgestaltender Teilnahme und eigenen Initiativen bestehen.

Aus der Perspektive der Gesellschaft und der den einzelnen Menschen umgebenden Personen handelt es sich bei der Sozialisation um die Vermittlung von relevanten Normen, Werthaltungen, Befähigungen und Fertigkeiten, also um eine intendierte und organisierte Verhaltenssteuerung bzw. Verhaltensveränderung. Aus der

Perspektive des Einzelnen betrachtet, ist die Sozialisation ein Aufbauen und kontinuierliches Sichverändern und Sichweiterentwickeln aufgrund von Anregungen und Einflussnahmen seitens der Umwelt, ein Selbstorganisationsprozess mit teilweise spontan umorientierenden, unplanbaren Synergieeffekten. Beide Perspektiven kommen da zusammen, wo der Frage nachgegangen wird, auf welche Weise die Selbstorganisationsprozesse in Gang gesetzt und in ihrem Ablauf von außen beeinflusst werden. Denn die Entwicklung von Einstellungen und Verhaltensweisen erfolgt als Erlernen spezifischer Deutungsmuster, Werthaltungen, Motivationen, Volitionen, Wissensständen, Fertigkeiten usw. In den ersten Lebensjahren dominieren konditionierende Lernformen (Reizreaktion, Verstärkung), Versuch-und-Irrtum-Lernen und Imitationslernen. Mit dem Fortschritt der kognitiven Entwicklung werden diese durch Einsichtslernen und kritische Reflexion ergänzt bzw. ersetzt, sodass ein bewussteres Entscheiden zugunsten oder gegen die angebotene „Mitgliedschaft" möglich wird. Am Ende des Jugendalters ist der Ausbau der Fähigkeit zur Selbstreflexion und der grundlegenden Kommunikations- und Interaktionskompetenzen abgeschlossen. Ein dynamisches Absichtsgedächtnis, eigene Volition und Handlungspläne für das eigene Tun, d. h. die Fähigkeit, Entscheidungen regelrecht abzuwägen und Alternativen dazu zu überlegen, ist allerdings schon für Grundschulkinder belegt.

1.3 Konsequenzen für die Unterrichtspraxis

Der Schulunterricht muss auf die veränderten Lebensumstände der SchülerInnen reagieren; er kann nicht mehr in derselben Weise geplant und durchgeführt werden wie noch vor Jahren. Die schulpädagogische Antwort darauf ist eine dreifache:

- ▷ Man muss versuchen, Schülerinnen und Schüler aus ihren Selbstäußerungen zu verstehen.
- ▷ Man muss ihre Autonomie durch stärkere Mitverantwortung für den Unterricht fördern.
- ▷ Man muss ihnen Orientierungshilfe durch Regeln und Rituale geben.

Wie dies in der Unterrichtspraxis realisiert wird, soll kurz dargestellt werden.

Schülerverhalten als Botschaft verstehen

Lehrer haben von Schülern immer mehrere Bilder im Kopf:

- ▷ das Bild, das die Schüler in Schule und Unterricht von sich „abgeben" (Realbild)
- ▷ das Bild, das die pädagogische Fachliteratur aus Forschungsergebnissen über sie zeichnet
- ▷ das Bild, das Lehrer sich aus eigenen subjektiven Theorien/Alltagstheorien und aufgrund vorangegangener Erfahrungen von Schülern gemacht haben (positives oder negatives Idealbild).

Keines dieser Bilder muss im Einzelfall zutreffen, und übereinstimmen mit dem Bild, das der jeweilige Schüler oder die jeweilige Schülerin von sich selbst hat, wird es in den meisten Fällen auch nicht. Wohl aber strukturieren diese Schülerbilder des Lehrers gewissermaßen als „Hintergrundbilder“ seine Schülerbeobachtung, seine Interaktion und Kommunikation mit diesem Schüler, seine Erwartungshaltung und seine Beurteilungen ihm gegenüber. Hier ist deshalb eine neue Sicht des Schülers vonnöten, eine – wie es neuerdings heißt – „ethnographische Sicht“ (vgl. Zinnecker 1995/1996; Schäfer 1997; Wiater 1998a). Vergleichbar der Vorgehensweise in der Ethnologie, bei der der Forscher trotz aller Vorkenntnisse möglichst ohne vorgefasstes Bild aufnimmt, was sein Gegenüber ihm an Deutungen für das in der fremden Kultur Wahrgenommene präsentiert, soll deshalb der Pädagoge – gewissermaßen aus strategischen Gründen – im Kind oder Jugendlichen einen Fremden sehen. Bei allem Wissen, das die Kindheits- und Jugendforschung bereithält, soll er aufgrund der individuellen Biografie der Schülerinnen und Schüler mit einer Vielseitigkeit der Bilder vom Ich rechnen und sich für das Unüberschaubare, Überraschende und nicht Begriffene offen halten. Wer die Perspektive des Schülers tatsächlich ernst nimmt, muss bereit sein, sein eigenes Bild von ihm stören zu lassen, um aus den vom Schüler Schritt für Schritt angebotenen neuen Kontexten richtigeres Verstehen zu entwickeln. Es gilt, aus den Lebensäußerungen des Kindes/Jugendlichen auf seine individuelle Verarbeitung von Welterfahrungen zu schließen, gewissermaßen sein Selbstverständnis zu eruieren.

Das Verhalten eines Schülers ist in diesem Sinne eine Botschaft und machmal auch ein Appell, ein Signal an andere, ein Indiz dafür, wie er seine eigene Persönlichkeit definiert, welche Bewertungsmaßstäbe er erworben hat, welche Art von Beziehungen er kennt und gern hätte, mit welchen Reaktionsmustern er bisher erfolgreich war (vgl. Leinhofer 1991; Bergsson/Luckfiel 1998). Gerade bei Schülern, die sich auffällig und störend verhalten, muss deshalb eine personbezogen-dispositionale Erklärung durch eine multifaktorielle, systemische Betrachtungsweise ersetzt werden, die biografische, milieubedingte, organische, (auf den Umgang mit Gleichaltrigen zielende) interaktive, familiale und mediale Aspekte einbezieht. Dazu ist eine Beobachtung auf Lehrerseite nötig, die möglichst ohne subjektive Verzerrungen und frei von „offiziellen“ Leitbildern zur Kindheit und Jugend heute erfolgt. Denn diese sind Bilder von Erwachsenen, die spezifische Perspektive des jeweiligen Schülers kann dieser nur selbst signalisieren und eröffnen. Deshalb müssen Lehrerinnen und Lehrer besonders aufmerksam auf Gelegenheiten und Situationen sein, aus denen sich die originäre Perspektive der Kinder/Jugendlichen entnehmen lässt. Solche Möglichkeiten eröffnen sich in ihren Spielen, in ihrem Sammeln von Gegenständen, in ihren Hobbys, ihren Phantasien, Träumen, Wünschen und Geschichten, ihren Erfindungen und gebastelten Maschinen, ihren Witzen, Lügen, Redensarten und Lieblingsbüchern/-heftchen, ihren frei formulierten Texten, ihren Bildern, Zeichnungen und Kritzeleien, ihren Chats im Internet, ihrer bevorzugten Musik, Kleidung und Freizeitgestaltung, ihrer Sprache, ihrem Streiten und Sichversöhnen, ihrem Traurigsein und Sichfreuen usw. Vorurteilsfreie Beobachtungen sind hier nötig und die Bereitschaft des Lehrers, sich von den Schülern selbst oder von gleichaltrigen Schülern sagen zu lassen, wie diese Beobachtungen zu deuten und zu verstehen sind. Nur eine grundsätzlich akzeptierende und offene Beziehung zwischen Lehrer und Schüler macht es möglich, dass Kinder und Jugendliche ihre tatsächliche

Sicht der Dinge, ihre Einstellungen und inneren Gefühle äußern. Ohne diese Bereitschaft der Schüler/Schülerinnen ist es dem Lehrer aber nicht möglich, die erforderlichen Verstehenskategorien aufzubauen.

Beispiel 1

2. Grundschulklasse: Robert schlägt Andreas und Martin

Als sich wieder einmal Robert mit seinen Klassenkameraden Andreas und Martin gestritten und geschlagen hatte, ließ die Klassenlehrerin keine Erklärungen und Begründungen für den Streit zu, sondern setzte die drei an einen Extratisch und gab ihnen die Anweisung, sich ihren Ärger von der Seele zu malen. Andreas malte schlagende Kinder, gab keinen Kommentar und war nicht bereit, das Bild herzugeben. Martin malte einen dunkelroten Teufel (s. u.), der nicht Robert, sondern seine große Wut ausdrücken sollte. Am meisten getroffen hatte ihn aber die Absonderung (s. seinen Kommentar). Robert drückte mit seiner Zeichnung seine innere Situation aus. Er kommentierte: „Der große Geist schleudert Blitze, die sollen Martin und Andreas tot machen, der ist ganz stark. Da unten sitzen Martin und Andreas und ich. Und der große Geist trifft die und nicht mich. Der hilft mir. Neben mir, da ist mein kleiner Engel. Der sagt, dass ich das nicht tun soll. Aber der ist ja so klein. Und der böse Geist ist so groß. Und dann kann ich nicht anders!“ (Beispiel aus: Spiegel, U.: Erziehung in der Grundschule. Unveröffentlichtes Manuskript 1998, S. 23–30)

Bild Martin
Text:
Robert hat mich gehauen. Dafür durften Andreas und ich am Unterricht nicht teilnehmen. Das war sehr schlimm für mich und Andreas.

Bild Robert
Text:
Andreas hat mich geschlagen und Martin

Ausschnitt aus Bild Robert „Engel"

Beispiel 2

So sieht sich Gabi in ihrer Beziehung zu ihren Angehörigen

Gabi, 5;7 Jahre, wohnt mit ihrem älteren Bruder Gerd beim Vater, der für die Kinder sorgt, aber sehr jähzornig ist. Die Mutter, von der er geschieden ist, wohnt auf derselben Etage, kümmert sich aber nicht um die Kinder. Gabi stellt auf der abgebildeten Zeichnung dar, in welchem Bezug sie sich jeweils erlebt: Ihrem älteren Bruder gegenüber fühlt sie sich nicht klein. Aber Gerd ist wesentlich stärker (Hände auf der Zeichnung). Zu ihrer Mutter fühlt sie sich hingezogen. Ihr gegenüber braucht sie sich nicht zu wehren (kleine Hände). Von ihrem Vater rückt sie weg. Sie mag ihn, fürchtet sich aber vor seinem Jähzorn. Ihm gegenüber möchte sie sich wehren (auf dieser Zeichnung sind ihre Hände am größten) (aus: Schepping 1995, 42 f.).

Beispiel 3

Unterrichtsprotokoll aus Schülersicht

„11.50 Silke isst einen Apfel

11.51 Christine benutzt einen Labello
Monika beantwortet die Fragen von Herrn X
Herr X beschreibt emsig die Tafel mit mathematischen Formeln

11.54 Herr X beantwortet Fragen der Unverständigkeit unsererseits
J. sagt die nächste Formel, die Herr X aufschreibt
A. schimpft, dass sie nichts lesen kann
D. und S. nehmen die Stunde auf Tonband auf

11.57 S. sagt die nächste, für uns unverständliche Formel auf
Alle schreiben fleißig mit
A. wühlt im Etui von anderen Leuten rum

11.59 Keiner kapiert etwas
A. isst und schimpft, dass sie etwas falsch geschrieben hat
C. liegt fast auf ihrem Tisch, auf eine Hand gestützt, und hört sich Herrn X' Erklärungen an

12.00 P. kaut auf ihrem Finger
K. fragt jetzt schon, wie lange die Stunde noch dauert
Es tauchen immer wieder Fragen der Unverständlichkeit auf

12.02 A. schimpft, dass das alles zu schwer ist
D. erscheint es unmöglich, nächste Stunde einen Test zu schreiben
A. steht wieder im Stoff
C. liegt fast auf ihrem Heft und schreibt

12.04 K. kann das alles und sagt das auch

12.05 Herr X will wieder etwas, was keiner kann
Er beantwortet Fragen zur Arbeit
Alle sind am Meutern, die Arbeit wird zu schwer

12.07 A. weiß nicht, was sie jetzt machen soll
C. ist am Stöhnen
Die Luft wird beanstandet …"

(aus: Hagstedt/Hildebrandt-Nilshorn 1980, 29)

Beispiel 4

SchülerInnen über Schule (freie Texte)

„Ja doch, wir haben oft noch auf dem Schulhof zusammengesessen, gerade die Mädchen, die Jungs nicht so sehr. Die werden sich wahrscheinlich woanders getroffen haben. Aber ich weiß es, gerade die Mädchen, wir haben uns oft auf dem Schulhof noch mal getroffen und haben dann gesagt: ‚Mensch, nee, heute haben wir Scheiße gebaut. Habt ihr mal gesehen, der (Lehrer), der ist total fertig. Jetzt müssen wir sehen, dass wir das wieder hinbiegen.'"
(aus: Reinert/Zinnecker 1978, 41)

„Ich kenne viele Schüler, die beschlossen haben, in der Schule nicht zu leben. Sie ziehen ihre ganze Vitalität aus der Schule heraus. Das, was sie dort sparen an Vitalität, verausgaben sie dann außerhalb der Schule" (Schülerin, 16 J.).
(aus: Zinnecker 1982, 52)

Beispiel 5

Kritzeleien von SchülerInnen

Wer als Lehrer im Verhalten der Schülerinnen und Schüler – vor allem derer, die auffallen oder schwierig sind, – eine Botschaft, ein Signal oder einen Appell sieht, kann sich nicht damit begnügen, sie besser zu verstehen. Seine pädagogische und didaktische Aufgabe veranlasst ihn zu Konsequenzen. Es wird ihm um die Klärung der Ursachen und Bedingungen des wahrgenommenen Verhaltens gehen. Zur Diagnosekompetenz eines jeden Lehrers und einer jeden Lehrerin muss es gehören, das Verhalten des Kindes oder Jugendlichen nicht vorschnell als Disposition und persönliches Defizit zu betrachten, sondern einem mehrperspektivisch-systemischen Erklärungsmodell zu folgen. Dafür ist eine Kind-Umfeld-Diagnose nötig, bei der nicht nur die impliziten Theorien des Diagnostizierenden, die Unterrichtsgestaltung, die Lern- und Schulatmosphäre und die Auswirkungen der Institution Schule zu recherchieren sind, sondern auch die Situation und Position des Kindes/Jugendlichen in der Familie, in der Nachbarschaft und im Freundeskreis, seine Freizeitgestaltung, seine Interessen und Neigungen sowie seine vorangegangenen Erfahrungen mit sich selbst. Um das einzelne Kind differenzierter wahrzunehmen, kann der folgende Erhebungsbogen hilfreich sein (vgl. Rieder-Aigner 1995).

ERHEBUNGSBOGEN Datum:_______ Lehrkraft:_________

Name und Geschlecht des Kindes: ______________________________

genaue Altersangabe: ______________________________

Auffälligkeit/Störung: ______________________________

____

Wann, wie oft, wie intensiv erlebe ich das Problem? ______________

____

Wie verhält sich das Kind in der Klasse, in der Kleingruppe, in der Einzelarbeit? ______________________________

____

____

Was kann es gut, welche besonderen Fähigkeiten werden sichtbar?

____

____

Wie reagiert die Klasse/die Kleingruppe/der Einzelne auf das Verhalten des Kindes?

Beispiel:______________________________

____

____

____

PROBLEMANALYSE:

Gesundheitszustand, äußeres Erscheinungsbild: ______________

____

Familiensituation/Geschwisterstellung: ______________________

Miterzieher (Oma, Opa): ______________________

Hort, Tagesstätte? ______________________

Eltern-Kind-Beziehung: ______________________

Beziehung Elternhaus – Schule: ______________________

Wirtschaftliche Verhältnisse: ______________________

Wohnungsumfeld: ______________________

Freizeitbeschäftigungen: ______________________

____

Freunde/Kontakte: ______________________

SONSTIGE BEOBACHTUNGEN UND LÖSUNGSWEGE:

In welchen Situationen verhält sich das Kind positiv? ______________________

____

____

Wann zeigt es ein auffälliges, störendes Verhalten? ______________________

____

Wie häufig, intensiv und störend ist es für sich und die anderen? ______________________

____

____

Was löst dieses Verhalten in mir selber aus? ______________________

____

____

Was habe ich bisher für dieses Kind getan? ______________________

____

____

Was muss sich unbedingt ändern? ______________________

____

____

Weiß ich alles Nötige von diesem Kind? Ja ❑ Nein ❑ es fehlt mir: ________

____

____

Gespräch mit Kollegen. Datum: ________________________

Ergebnis: ________________________________

____

Gespräch mit dem Kind. Wann: ________________________

Ergebnis: ________________________________

Gespräch mit den Klassenkameraden. Wann: ______________

Ergebnis: ________________________________

____

Gespräch mit den Eltern/Erziehungsberechtigten. Wann: ________

Ergebnis: ________________________________

____

Gespräch mit Fachdiensten. Wann: ____________________

Ergebnis: ________________________________

Die Schülerinnen und Schüler besser verstehen heißt nicht, ihr Verhalten zu tolerieren. Es erscheint unumgänglich, dass der Lehrer im Unterricht Maßnahmen ergreift, störendes Schülerverhalten zu korrigieren. Dazu stehen ihm folgende Möglichkeiten zur Verfügung:

Maßnahmen zur Korrektur störenden Verhaltens von Schülern/Schülerinnen

direkte Reaktionen

- ▷ Tadeln durch Mimik, Gestik, Worte
- ▷ Einzelgespräche in der Pause ankündigen (und dann auch durchführen!)
- ▷ Sitzordnung ändern
  Strafe androhen (und bei wiederholter Störung ausführen!)
- ▷ schulgesetzlich vorgesehene Ordnungsmaßnahmen einleiten

didaktische Maßnahmen

▷ Unterrichtsinhalte und Unterrichtsziele mehr am Schülerinteresse orientieren
▷ Methodenvariation und Handlungsorientierung einplanen
▷ Öffnung des Unterrichts und aktives Lernen praktizieren
▷ Metakommunikation („Unterricht über Unterricht“) zu den Unterrichtsstörungen betreiben in einem „Blitzlicht“ oder in einer Verfügungsstunde
▷ mit den Schülern einen Verhaltensvertrag schließen

sozialpädagogische Maßnahmen

▷ problembezogene Aktionen im Rahmen des Schullebens durchführen
▷ mehr gemeinsame Aktivitäten, Feste und Feiern durchführen
▷ Mittagstisch, Hausaufgabenhilfe und Freizeitaktivitäten von der Schule her organisieren

verhaltensändernde/therapeutische Maßnahmen

▷ Schulpsychologische Dienste, sozialpädagogische Institutionen und Erziehungsberatungsstellen einschalten
▷ Plan zur Verhaltensmodifikation aufstellen und durchführen
▷ Kooperation mit den Eltern aufbauen

Aufbau von Coping-Ressourcen

▷ die eigene Lehrerrolle und das eigene Lehrerverhalten reflektieren
▷ bei Supervision mitmachen
▷ Teamarbeit und offene Kommunikation im Lehrerkollegium praktizieren
▷ persönliche Techniken der Stressreduktion einüben

Die Autonomie der SchülerInnen fördern

Die pädagogische Antwort auf die Diversifikation der Schülerbiografien und die größere und frühere Verselbständigung der heutigen Kinder und Jugendlichen kann nur heißen: Förderung ihrer Autonomie/Mündigkeit und Problembewältigungskompetenz (vgl. Speck 1997). Der Begriff „Autonomie“ meint – von seiner griechischen Grundbedeutung her – keineswegs das von Eigennutz und Eigeninteresse bestimmte, grenzenlose Unabhängig-sein-Wollen des Individuums, sondern autonom ist nur der, der sich selbst an das bindet, was für alle gilt und rechtens ist. Zur Autonomie des Menschen gehört, dass er sich als Verursacher seiner Handlungen und Verhaltensweisen weiß und für deren Ziele und Folgen aufzukommen hat. Er trägt dafür die Verantwortung, beantwortet gegenüber einer Gruppe, einem anderen oder sich selbst die Frage nach dem „Warum“ seines Tuns oder Unterlassens.

Um autonom werden zu können, brauchen die Schülerinnen und Schüler in allen Fächern genügend Gelegenheit, ihre eigene Aktivität, ihre eigenen Kompetenzen und ihre intellektuellen, emotionalen oder praktischen Befähigungen zu zeigen, zu entfalten und neue Befähigungen aufzubauen. Das traditionelle lehrgangsorientierte und lehrerzentrierte Unterrichten ist folglich darauf zu befragen, ob es jeweils sachlich oder pädagogisch unabdingbar geboten ist; wo dies nicht der Fall ist, muss es durch Formen offenen Unterrichts und didaktischer Mitgestaltung seitens der Schüler, durch Ernstnehmen und Einbeziehen der Schülererfahrungen, durch freie Arbeit, Wochenplanarbeit, Lernzirkel und projektorientiertes Arbeiten ersetzt bzw. ergänzt werden. Im Einzelnen ergeben sich die folgenden Anforderungen an Schule und Unterricht:

- ▷ Auf die Tendenz der Schüler zur konsumierenden Rezeption von Informationen muss die Schule mit der Ermöglichung von Eigentätigkeit und Eigengestaltung reagieren.
- ▷ Gegen die Übermacht der Bildmedien muss die Schule Lernanreize durch Primärerfahrungen setzen und eine neue Lesekultur aufbauen.
- ▷ Angesichts der Anpassungszwänge durch modische Trends, Konsumbedürfnisse und Meinungsmacher muss die Schule das selbstständige Denken und Urteilen, differenziertes Wahrnehmen und die eigenständige Entscheidung bei den Schülern in allen Unterrichtsfächern unterstützen.
- ▷ Der verplanten Kindheit muss die Schule mit leistungsfreien Lernzeiten, mit einem Rhythmus von Anspannung und Entspannung, von Leistungserbringung und Ruhe entgegentreten.
- ▷ Der verinselten Kindheit muss die Schule durch Schaffung sozialer Erfahrungsmöglichkeiten bei gemeinsamen Festen und Unternehmungen, im Spiel, in Lerngruppen und in freien Arbeitsgemeinschaften begegnen.
- ▷ Angesichts von Erziehungsdefiziten des Elternhauses (Entzug oder Überdosierung elterlicher Liebe) muss die Schule mehr und mehr Beziehung, Zuwendung und Betreuung als Formen der Lehrer-Schüler-Interaktion ernst nehmen und auf Selbstwerterfahrungen der Kinder/Jugendlichen in Schule und Unterricht besonders achten.

Die Autonomie der Schüler und Schülerinnen kann im Unterricht dadurch gefördert werden, dass man sie bei der Unterrichtsplanung didaktisch mitwirken und mitentscheiden lässt und ihre Vorerfahrungen ernst nimmt, dass man ihre Methoden- und Entscheidungskompetenz erhöht sowie sie selbsttätig und eigenverantwortlich lernen lässt (vgl. Klippert 1997 u .v. a.).

Beispiele für die didaktische Mitwirkung der SchülerInnen bei der Planung von Unterrichtseinheiten

- ▷ Der Lehrer/die Lehrerin legt am Beginn des Schulhalbjahres/Kurses/der Unterrichtseinheit eine *Übersicht über die zu behandelnden Inhalte und Ziele* vor und erläutert so konkret wie möglich die zu erbringenden Lernleistungen. Die Schülerinnen/Schüler sprechen darüber in kleinen Gruppen, nennen Themenbereiche, bei denen sie Vorkenntnisse einbringen können, die sie besonders interessieren, bei denen sie mit Lernschwierigkeiten rechnen, wofür sie gerne viel Zeit zur Verfügung hätten usw. Es kommt zu einer koordinierten Planung von Unterrichtseinheiten, bei denen die fachlich-sachlich gegebenen Zwänge mit den Interessen und Wünschen der Schüler möglichst in Übereinstimmung gebracht werden. Ferner wird vereinbart, nach jeder Unterrichtseinheit eine Reflexionsstunde zwecks kritischer „Rückschau" einzuplanen und ggf. die nächste Unterrichtseinheit noch einmal kurz gemeinsam durchzuplanen.

- ▷ Die SchülerInnen fertigen ein *„Cluster"* oder ein *„Mindmap"* dazu an, der Lehrer/die Lehrerin nennt die Lehrplanvorgaben; beides wird zur gemeinsamen Planung koordiniert.
- ▷ Der Lehrer/die Lehrerin verfasst einen Leittext zu den Inhalten und Zielen der Unterrichtseinheit, von dem aus die SchülerInnen eigeninitiativ den Unterrichtsverlauf planen und mit dem Lehrer/der Lehrerin absprechen.

Beispiele für das Einbeziehen der Schülererfahrungen in der Unterrichtsstunde

- ▷ *Brainstorming* und Impuls sind altbekannte Methoden, Schüler zum Nachdenken, zum Aktivieren eigener Erfahrungen und zum Äußern eigener Ideen, Gefühle und Einstellungen zu bringen.
- ▷ *„Blitzlichter"* als kurze Ortsbestimmung der Lernsituation aufseiten der Schüler und des Lehrers
- ▷ das *„sokratische Gespräch"*, bei dem im Unterschied zum fragend-entwickelnden Verfahren Schüler aufgrund geschickter Steuerungsfragen des Lehrers Erkenntnisse und Problemlösungen aus sich selbst hervorbringen
- ▷ der Einsatz von *Bild- und Symbolkarten*, der Schüler zur Klärung der eigenen emotionalen oder kognitiven Position veranlasst
- ▷ die *Kugellager-Methode* mit wechselndem Innen- und Außenkreis, bei der jeder Schüler seine wichtigsten Argumente zu einer Fragestellung seinem Gegenüber äußert und im wechselnden Gespräch mit den Mitschülern die für alle bedeutendsten ermittelt
- ▷ die *Moderation,* bei der sich die ganze Klasse schrittweise (Karten abfragen, klassifizieren der Karten an der Pinnwand, Auswahl von Lösungsmöglichkeiten) eine Problemstellung argumentativ erarbeitet
- ▷ *Lernen durch Lehren*, wobei Lehraufgaben wie drannehmen, abfragen, erklären, vortragen, Einführungen geben, naturwissenschaftliche oder mathematische Probleme besprechen, grammatische Strukturen festigen usw. nach vorheriger Instruktion durch den Lehrer von Schülern im Unterricht übernommen werden
- ▷ das *Stationengespräch,* bei dem zu einem Diskussionsthema Meinungen/Positionen auf großen Karten im Klassenzimmer für die Schüler zum

Anschauen ausgehängt sind, die sie gruppenweise vertieft bearbeiten sollen

- ▷ die *Methode 365*, für die ein Blatt mit 3 Spalten nötig ist, in die jedes Mitglied der in 6er-Gruppen eingeteilten Klasse in ca. 5 Minuten seine wichtigsten Gedanken zu einem vorgegebenen Thema einträgt, die dann anschließend in der Klasse diskutiert werden.

Beispiele für den Erwerb von Methodenkompetenz

- ▷ Vertrautsein mit zentralen Makromethoden wie Gruppenarbeit, Rollenspiel/Planspiel, Projekt, Referat, Argumentation, Diskussion, Streitgespräch usw.
- ▷ Beherrschung elementarer Lern- und Arbeitstechniken wie selbstständig Informationen aus Lexika, Internet, Fachbüchern, Bibliotheken usw. beschaffen, analysieren, interpretieren und für eine Präsentation aufbereiten, diagonal lesen, wichtige Inhalte markieren oder exzerpieren, einen Bericht, ein Protokoll oder ein Referat schreiben, Texte und Probleme durchgliedern und strukturieren, Notizen beim Zuhören machen, ein Mindmap erstellen, Diagramme und Tabellen herstellen, Mnemotechniken anwenden usw.

Beispiele für den Aufbau einer Frage- und Entscheidungsfähigkeit

- ▷ Änderung des Grundmusters von Lehrerfrage – Schülerantwort – Lehrerbewertung nach richtig (gute Note) oder falsch (schlechte Note) in „echte" Lehrerfragen, d. h. Probleme stellen – mit den Schülern zusammen Fragen an das Problem richten – die Fragen gemeinsam zu lösen versuchen (Lösungen erarbeiten, überprüfen, verwerfen, neu erarbeiten und wieder überprüfen) – gemeinsam Antworten auf die Ausgangsfragen formulieren – in gemeinsamer Überlegung den Lernprozess beurteilen (benoten); die Schüler sollten angehalten werden, bei Problemaufgaben Fragen zu reflektieren wie „Wozu ist das gut/nützlich?", „Warum ist das so?", „Wie kommt es dazu?", „Was wäre, wenn …?", „Was müsste man tun, damit …?" usw.
- ▷ Trainieren von realen und simulierten Entscheidungssituationen (z. B. im Planspiel) unter Berücksichtigung von Fragen wie den folgenden: „Wofür ist die Entscheidung zu fällen?", „Worum geht es genau?" – „Wem nützt, wem schadet die Entscheidung?" – „Welche Informationen benötige ich für die Entscheidung und wo kann ich sie bekommen?" – „Gibt es Wahlmöglichkeiten? Welche Vorteile/Nachteile bringen die Alternativen und für wen?" – „Welche Konsequenzen ergeben sich bei der Entscheidung für die eine oder die andere Alternative?" – „Was sagt mein Verstand, was

mein Gefühl dazu?“ – „Was ist mir persönlich besonders wichtig bei dieser Entscheidung und warum?“ – „Wie muss ich vorgehen, um die Entscheidung zu realisieren?“ – „Bei welchen neuen Bedingungen würde ich meine Entscheidung überdenken und verändern?“

Beispiele für die Entwicklung aktiver Lerntätigkeit

▷ *materialgeleitetes Lernen* (freie Arbeit), für das in speziellen Ecken des Klassenzimmers in Regalen, Schränken und auf Tischen lehrplanbezogene, differenzierte Arbeitsmaterialien bereitgestellt werden, mit denen sich die Schülerinnen und Schüler die Lerninhalte selbst erarbeiten können. Solche Arbeitsmaterialien können sein: Aufgabenkarteien, Spiele (Kartenspiele, Bingo, Lottospiele, Kegelspiele, Würfelspiele), Memorys, Dominos, Setzkästen, Klammerkarten, LÜK-Kästen, Arbeitsblätter, Arbeitshefte, Bücher und Informationsbroschüren, Schülerexperimentierkästen, Puzzles, Wort-/Zahlenmaschinen, Kassetten, Dias, Videos, Computerprogramme, aber auch Bastelmaterial, Mal- und Tuschkästen, Karton, Holzstücke, Zeitungen/Zeitschriften, alle mit entsprechenden Arbeitsaufträgen oder Anweisungen versehen, und vieles mehr. Sie sollen so beschaffen sein, dass die zu erledigenden Aufgaben teils in Alleinarbeit, teils in Partner- oder Gruppenarbeit durchgeführt werden können bzw. müssen; sie sind ästhetisch ansprechend gestaltet und fachinhaltlich durchstrukturiert; sie regen zum Tätigwerden an und ermöglichen grundsätzlich eine Fehlerselbstkontrolle durch die Lernenden.

▷ *Tagesplan- oder Wochenplanarbeit*, bei der jeder Schüler am Wochenbeginn einen differenzierten Plan mit Pflicht- und Wahlaufgaben aus dem Stoffpensum der Fächer, die Anteile ihres Stundenkontingents (meist je 1 Unterrichtsstunde pro Woche) für lehrplanbezogenes freies Schülerarbeiten bereitgestellt haben. Dieser Plan enthält die Arbeitsaufgaben und eine Rubrik, in der die Schüler vermerken müssen, was sie erledigt haben. Verpflichtend sind im Plan bestimmte Kernaufgaben, die alle Schüler bewältigen müssen, der zeitliche Rahmen, der für deren Erledigung zur Verfügung stehen soll (Tag, Woche) sowie die Form der (möglichst selbsttätigen) Lernkontrollen. Freigestellt ist den Schülern eine Fülle von themenbezogenen, leistungs- und interessendifferenzierten Wahlpflicht- oder Wahlaufgaben, die Zeiteinteilung, die Sozialform beim Lernen und die Reihenfolge der Aufgabenbearbeitung.

▷ *Stationentraining/Lernzirkel*, wobei ein Lerninhalt an mehreren Stationen möglichst vielfältig, aspekt- und abwechslungsreich bearbeitet werden soll; beim gebundenen Stationentraining gehen feste Schülergruppen nach einem festgelegten Zeitabschnitt von Station zu Station weiter, beim freien Stationentraining bilden sich die Klein- oder Partnergruppen nach

Belieben, und die Kinder/Jugendlichen suchen sich die Stationen, mit denen sie sich nacheinander beschäftigen wollen, selbst aus.

▷ *projektorientiertes und handlungsorientiertes Lernen*, ein „learning by doing“ (Dewey), das zu „denkenden Erfahrungen“ führt und bei dem die SchülerInnen mit allen Sinnen nach einem selbst überlegten Plan zielgerichtet ein sie selbst besonders interessierendes gesellschaftlich relevantes Problem fächerübergreifend einer (praktisch) vorzeigbaren „Lösung“ zuführen.

Beispiele für die Entfaltung von Interessen und Neugier beim Lernen

▷ *genetischer Unterricht*, der „tote“ Lerninhalte in „lebendige“ Handlungen verwandelt, insofern er sie als Erfindungen, Gesetzmäßigkeiten, Entdeckungen, kreative Schöpfungen, Lösungen für Probleme von Menschen vergangener Zeiten bewusst macht und zum Nachdenken und Mitvollziehen der damaligen Problemlagen anregt

▷ *phänomen- und problemorientierter Unterricht*, der solche Naturerscheinungen und auffälligen Ereignisse oder Situationen thematisiert, die Schülern fragwürdig, unerklärlich und ungewohnt vorkommen und die sie zum Mutmaßen, Nachdenken, experimentellen Ausprobieren und Wissenwollen veranlasst

▷ *entdeckender und erkundender Unterricht*, bei dem sich die Schüler auf eine Frage/ein Problem aus ihrer Lebensumgebung einlassen, dabei mit ihrem bisherigen Wissen und Können in schulischen und außerschulischen Bereichen direkte Erfahrungen machen und selbsttätig neues Wissen und Können erwerben.

SchülerInnen Grenzen setzen

Autonomie braucht zu ihrer Stützung Ordnungen, braucht Orientierungshilfen, die den Schülern und Schülerinnnen Freiräume sichern und Verantwortlichkeiten abstecken, die durch einen äußeren Halt ihren inneren Halt aufbauen helfen. Allzu oft fehlen ihnen solche Grenzziehungen, viel zu viele von ihnen sind heute mit der Aufgabe allein gelassen, sich die Grenzen ihres Verhaltens selbst auswählen bzw. setzen zu müssen. Die Schule als wichiger Lern- und Lebensort für Kinder und Jugendliche kann deshalb nicht darauf verzichten, ihnen vom ersten Schultag an durch Verhaltensregeln bei der nötigen individuellen und sozialen Identitätsfindung behilflich zu sein. Sie muss als eine „Halt gebende Lebenswelt“ mit klaren Regeln, Ritualen und Ordnungen gestaltet sein. Neben allen direkten Versuchen, auf das Schülerverhalten Einfluss zu nehmen, sollten diese funktionalen Möglichkeiten nicht gering geachtet werden. Allerdings gilt:

(1) Alle Ordnungen und Regeln müssen verallgemeinerbar und gerecht sein; was für den einen gilt, muss unter gleichen Bedingungen für alle gelten.

(2) Alle Ordnungen und Regeln müssen fair sein; der Einzelne soll so mit dem anderen umgehen, wie er mit sich umgegangen wissen will.
(3) Alle Ordnungen und Regeln müssen der Humanisierung des Zusammenlebens nützen; d. h. der Einzelne soll Toleranz, Verständnis, Friedfertigkeit, Respekt, Freundlichkeit, Rücksicht und auch Hilfsbereitschaft dem anderen entgegenzubringen lernen.
(4) Alle Ordnungen und Regeln sind – nach Absprache in der Schulgemeinde (Lehrer, Eltern, Schüler) – verbindlich, werden kontrolliert und bei Missachtung sanktioniert.
(5) Alle Ordnungen und Regeln sollen nicht nur den Anspruch der Schüler auf Achtung ihrer Menschenwürde sichern, sondern auch den der Lehrer den Schülern gegenüber.

Nichts macht die Situation an der Schule – für alle Beteiligten! – schwieriger und unerträglicher als Ungewissheit und Richtungslosigkeit in den Verhaltenserwartungen. Zutrauen und Vertrauen sind überhaupt erst möglich, wenn Verhaltensordnungen definiert sind. Hohe Nachgiebigkeit auf Erzieherseite korreliert nachgewiesenermaßen gleich stark mit aggressivem Verhalten bei Kindern wie übergroßes Strafverhalten. Übereinstimmend erbrachten Untersuchungen, „dass das Autonomwerden vielmehr am ehesten dann gefördert wird, wenn im Erziehungsstil der Erzieher auf der Basis stabiler emotionaler Beziehung und Zuwendung für das Kind über eine kooperative Kommunikation eine hinreichende normative Klarheit und hilfreiche Kontrolle wirksam werden", wobei mit fortschreitender Selbstständigkeitsentwicklung die Kontrolle zugunsten von mehr Kooperation zurücktreten kann (Speck 1997, 168).

Beispiel 1:

Grenzen setzen – aber wie?

Was nichts nützt:
- ▷ Vorhaltungen machen und schimpfen
- ▷ nach dem Warum fragen und mit Hilfe von Suggestivfragen an die Einsicht appellieren
- ▷ bitten und betteln
- ▷ Forderungen, Drohungen und „Wenn … dann"-Ankündigungen ohne Folgen
- ▷ ignorieren oder bagatellisieren

Was nützt:
- ▷ Rituale und Handlungsroutinen als ungeschriebene Gesetze einüben, die Grenzen verdeutlichen und Verhaltenssicherheit vermitteln
- ▷ Gutes anerkennen und kleinste Fortschritte unterstützen
- ▷ Zuwendung und Lob geben
- ▷ klare Anweisungen und Feedback als Ich-Botschaften formulieren
- ▷ logische Folgen spüren lassen statt bestrafen
- ▷ Schülerverhaltensweisen spiegeln
- ▷ umlenken von Konflikten durch humorvolle Bemerkungen

▷ Grenzen setzen durch neutral-sachliche Kundgabe dessen, was Schüler zu tun oder zu unterlassen haben, und konsequent und beharrlich auf kompromissloses Einhalten drängen
▷ Konfliktgespräche führen, bei denen die Lösung auf Werten beruht, die für den zu korrigierenden Schüler wichtig sind
▷ Ermutigung als Hinführung zu einem gesunden Selbstwertgefühl
▷ zuhören statt monologisieren
▷ Schüler selbst die Lösung des Problems vorschlagen lassen

Beispiel 2:

Regeln für die Klasse im Unterricht:

1) Jeder hat gleiches Recht, zu sprechen, eigene Ideen zu äußern und Fragen zu stellen.
2) Jeder hat das Recht darauf, dass ihm zugehört wird.
3) Jeder darf sofort sagen, wenn er sich gestört fühlt. Dies ist kein Petzen!
4) Jeder soll Rücksicht auf jeden anderen in der Gruppe nehmen.
5) Jeder hat das Recht, seine Sorgen zu besprechen.
6) Jeder sollte über andere nur in deren Beisein reden.
7) Jeder kann jedem seine Meinung sagen – aber für den anderen annehmbar.
   (Grützemann 1996, 182)

2. SchülerInnen entwickeln sich

Wenn die Kinder am ersten Schultag in die Grundschule kommen, tragen die meisten von ihnen noch die Züge der spielerischen und behüteten Kindergartenzeit. Vier oder sechs Jahre später, am Ende der Grundschule sind sie dort längst „die Großen" geworden und haben mit der Schule umzugehen gelernt. Die Sekundarstufe ist wieder ein Neuanfang. Sie beginnen dort als Kinder, um sie als noch pubertierende Jugendliche zu beenden, sei es dass sie eine berufliche Tätigkeit aufnehmen, sei es dass sie ihre Schullaufbahn bis zur Fachhochschulreife oder zum Abitur fortsetzen. Dort angekommen, sind sie junge Erwachsene mit allen Rechten und Pflichten mündiger Bürger. Manche Lehrerin der ersten Klasse erkennt ihre „Abc-Schützen" kaum noch wieder, wenn sie sie zufällig am Ende der Schulpflichtzeit trifft, so stark haben sie sich im Äußeren und in ihren Einstellungen, Fähigkeiten und Verhaltensweisen verändert.
Die Schulzeit umspannt eine wichtige, vielleicht die bedeutendste Lebensspanne des Menschen; während der Schulzeit entwickelt der Mensch sich vom unmündigen Kind zum mündigen jungen Erwachsenen. Um den allgemeinen Verlauf und die individuellen Besonderheiten dieser Entwicklung zu wissen, ist deshalb für den Lehrer/die Lehrerin notwendig.

2.1 Von Entwicklungsphasen, Entwicklungsaufgaben und Entwicklungsbesonderheiten

Im Sinne der Entwicklungspsychologie ist Entwicklung eine reifungsbedingte und/bzw./oder erfahrungsabhängige Veränderung des Menschen, die an sein Lebensalter gebunden ist, die also so und nicht anders zu einem bestimmten Zeitpunkt seines Lebens eintritt (vgl. Oerter/Montada 1987). Im Inneren des menschlichen Organismus entstehen und entwickeln sich dabei dispositionale Eigenschaften wie Denken, Fühlen, Wollen und Können, und zwar aufgrund eines „Zusammenspiels" zwischen den drei anthropologischen Strukturfaktoren „Erbanlagen", „Umwelteinflüsse" und „bewusste/unbewusste Selbststeuerungskräfte", die wiederum bei jedem individuell sind. Bei Menschen vergleichbaren Alters, weitgehend ähnlicher Ausbildungswege und nicht allzu unterschiedlicher Individuallagen erfolgen die entwicklungsbedingten Veränderungen in diesen Bereichen nachgewiesenermaßen in bemerkenswert übereinstimmenden, aufbauenden Schritten und auffallend ähnlicher Form. Diese Beobachtung erlaubt es, beim Menschen von Entwicklungsphasen zu sprechen, und veranlasst zugleich, nach den Ursachen „untypischer" Entwicklungen zu fragen und dem individuellen Entwicklungsrhythmus nachzuforschen.

Entwicklungsphasen

Entwicklungspsychologen fällt es schwer zu sagen, was eine „normale" Entwicklung beim Kind oder Jugendlichen ist. Das ist verständlich, denn allzu verschieden verläuft beim einzelnen Menschen die Interaktion mit der Umwelt und die Integration der Umwelterfahrungen in sein (biologisch, psychisch, geistig und physisch strukturiertes) Persönlichkeitssystem. Sicher und weitgehend einig sind sich die meisten Entwicklungspsychologen heute lediglich in Folgendem:

- ▷ dass es zu bestimmten Zeiten bei Kindern und Jugendlichen beobachtbare Entwicklungsfortschritte gibt, nämlich im Alter von 2–3 Monaten, von 7–11 Monaten, von 15–18 Monaten, mit ungefähr 3 Jahren, 7 Jahren, 11–13 Jahren, 15–16 Jahren und 18–20 Jahren
- ▷ dass in jeder dieser Phasen neue Verhaltensmerkmale vorherrschend sind, wobei sich ein Kind/Jugendlicher in einigen Bereichen schneller, in anderen langsamer entwickeln kann, je nachdem ob dafür Reifungsprozesse oder individuelle Umweltinteraktionen maßgeblich sind
- ▷ dass auf Phasen großer Veränderung in der Regel Phasen der Integration und Konsolidierung folgen
- ▷ dass es in der Entwicklung von Kindern und Jugendlichen Stabiles und Unvorhersehbares stets „vermischt" gibt, da der Aufbau von Strukturen (z. B. des Denkens) immer systemisch, d. h. in Interdependenz mit den Interaktionssystemen (z. B. des Erlebens) geschieht (vgl. Mietzel 1989; Tyson/Tyson 1993; Flammer 1996; Weber 1996 u. a.).

Die Vorstellung von abgrenzbaren **Entwicklungsphasen** hat seit Beginn dieses Jahrhunderts zu unterschiedlichen, nicht miteinander kompatiblen Stufenmodellen geführt (vgl. beispielsweise S. Freud, Ch. Bühler, O. Kroh u. a.). Viele reformpädagogische Konzepte setzen Entwicklungsphasen voraus wie beispielsweise M. Montessori (Entwicklung in 6-Jahresrhythmen) oder R. Steiner (Entwicklung in 7-Jahresrhythmen). Wegen ihrer Übersichtlichkeit und einfachen Systematik sind die Phasenmodelle in der Praxisliteratur der Pädagogik stark rezipiert worden. Ihr Anliegen war und ist nicht die wissenschaftliche Auseinandersetzung, sondern Erzieherinnen/Erziehern und Lehrern/Lehrerinnen zu helfen, beobachtete Verhaltensweisen von Kindern und Jugendlichen altersmäßig einzuordnen und als entwicklungskonform oder ungewöhnlich zu klassifizieren. Sie halten sich meistens an Phasengliederungen wie die von O. Kroh und nützen dem Lehrer allenfalls als Vororientierung bei der Frage, was man bei einem Kind/Jugendlichen im Regelfall an Kompetenzen, Einstellungen und Interessen erwarten bzw. förden kann. Ein Beispiel dafür zeigt die Tabelle auf den folgenden Seiten:

Das Kindesalter I

Alter	Entwicklung	
	körperlich	intellektuell, geistig-seelisch
Das Säuglingsalter: 0 bis 1 Jahr	schreien, strampeln	Schreien und Strampeln als Ausdruck der jeweiligen Stimmungslage
	saugen	Hautkontakt zur Bezugsperson als seelisches Grundbedürfnis
	klammern, „zehen-gehen“, sich wenden; noch ungezielte, reflex-artige Bewegungen	überwiegend schlafen, dösen; negative Grundstimmung
	schmecken, fühlen, riechen, sehen, hören	allmählich zunehmender Gebrauch aller Sinne, Bewusst-seinszunahme
	lächeln	erwiderndes und aufforderndes Lächeln als Kontaktaufnahme zu anderen Personen, positive Zuwendung zur Umwelt
	anheben von Kopf und Gliedmaßen, greifen, kriechen, stehen, gehen	Neugierverhalten; Vielfalt der Lernprozesse beim Schauen, Lauschen, Greifen, Kriechen, Gehen, Stehen
	sprechen	Laute, Silben, Lallen, Lallmo-nologe, Wortbildung, Ein-Wort-Sätze, Benennung der Dinge

Das Kindesalter II

Alter	Entwicklung	
	körperlich	intellektuell, geistig-seelisch
Das Säuglingsalter: 1 bis $2^{3}/_{4}$ Jahre	sicheres Gehen	ständige Zunahme von Umweltorientierung und -information
	verbesserte Sprechmuskulatur und -technik	Mehr-Wort-Sätze, wachsende Intelligenz mit zunehmender Sprachentfaltung und -förderung
	geschicktere Hände	Das „Begreifen" der Dinge durch genügend Spielmöglichkeiten fördert Aktivität, Kreativität, Intelligenz, Gemüt, Fantasie, Lebensfreude, erste soziale Erfahrungen.
	Eigenkontrolle der Darm- und Blasenfunktion	komplizierte Lernvorgänge beim Sauberwerden, Einsicht in Begriffe wie „behalten" und „abgeben"
Das sog. Trotzalter, besser: Das Autonomiealter: $2^{3}/_{4}$ bis $3^{1}/_{2}$ Jahre	Veränderungen im innersekretorischen System des Körpers	Erkennen des „Ich", der Individualität, der Distanz zu den Bezugspersonen, erste Loslösungstendenzen, erstes Streben nach Selbstständigkeit
Das Vorschulalter: $3^{1}/_{2}$ bis 6 Jahre	anfangs noch überwiegend rundliche Körperformen	Warum-Fragen; Wahrnehmungsbereitschaft; zunehmender Gestaltungsdrang; Entwicklung von Hilfsbereitschaft, Gemüt, Gewissen, Wahrhaftigkeit, Fantasie, „magische" Phase; „ödipale" Phase: Auseinandersetzung mit der Geschlechterrolle; kindliche Sexualität; „Kindergartenreife"; „Vorschulreife"

Das Kindesalter II (Fortsetzung)

Alter	Entwicklung	
	körperlich	intellektuell, geistig-seelisch
Das mittlere Kindesalter: 6 bis 9 Jahre	Streckung, Verlust der kindlichen Rundungen; Beginn des Zahnwechsels	Schulfähigkeit; Lernfreude, Unternehmungslust, Spaß an körperlichen Tätigkeiten, Bewegungsspiele; Lebensfreude; realistisches Denken; lose Kontakte zu Gleichaltrigen; Anerkennung von gewissen Ordnungen, z. B. beim Regelspiel und in der Gruppe; positives Verhältnis zu Eltern und Erziehern
Das späte Kindesalter: 9 bis 11 Jahre	Harmonisierung des körperlichen Erscheinungsbildes	Zunahme des wirklichkeitsbezogenen, naturwissenschaftlichen Denkvermögens; Lernbereitschaft für besondere Interessengebiete; positiv-kritisches Verhalten gegenüber Eltern und Erziehern; erste Eigenkritikfähigkeit; Abenteuerlust: Gruppen- oder Bandenbildung; Gefühlsarmut, Schnodderigkeit und Kaltschnäuzigkeit
Die Vorpubertät: 11 bis 13, 14 Jahre	Disharmonisierung der Körperformen; hormonale Veränderungen; bei Mädchen: unregelmäßig auftretende Menstruation, beginnendes Wachstum von Achsel- und Schambehaarung, Entwicklung der Brüste; bei Jungen: unwillkürliche Samenergüsse im Schlaf (Pollutionen), beginnendes Wachs-	Disharmonisierung der Intelligenz-, Gefühls- und Empfindungswelt, innere Spannungen, Fehleinschätzung des eigenen Leistungsvermögens, Tagträume, Tendenz zum Leistungsabfall; Stimmungsschwankungen, Reizbarkeit, Niedergeschlagenheit; Protest- und Trotzhandlungen, negative Grundhaltung gegenüber der Erwachsenenwelt, Ablehnung der Fremderziehung bei gleichzeitiger Unfähigkeit, sich selbst

Das Kindesalter II (Fortsetzung)

Alter	Entwicklung	
	körperlich	intellektuell, geistig-seelisch
Die Vorpubertät: 11 bis 13, 14 Jahre	tum der Achsel- und Schambehaarung, Bartflaum, Stimmbruch; bei beiden Geschlechtern: Akzeleration und Retardation	zu erziehen; Tendenz zu Selbstmordversuchen im Affekt; Interesse an sexuellen Bildern und Schriften, aber abweisendes, ruppiges Verhalten zu Gleichaltrigen des anderen Geschlechts
Die Pubertät: 13, 14 bis 16, 17 Jahre	Annäherung an das äußere Erscheinungsbild des Erwachsenen	zunehmende Verinnerlichung; Selbstreflexionen, Ich-Erkenntnis; starke Gefühlsschwankungen, verbunden mit der Fähigkeit, sehr tief zu empfinden; Suche nach beteiligten Gesprächspartnern; zunehmende Fähigkeit zur Selbstkritik, kompromisslose Fremdkritik; Tendenz zur Schwarzweißmalerei auf politischen, kulturellen und sozialen Gebieten; erotische und sexuelle Beziehungen zum anderen Geschlecht
Die Jugendkrise: 16., 17. Lebensjahr	weitere Entwicklung zur endgültigen Erwachsenengestalt	Erregungsphase mit pessimistischer Grundhaltung; motorische Unruhe; seelische Labilität; negative Selbsteinschätzung und Weltbetrachtung; erhöhte Bereitschaft zur Flucht in Rauschmittelkonsum und Selbstmord

Das Kindesalter II (Fortsetzung)

Alter	Entwicklung	
	körperlich	intellektuell, geistig-seelisch
Adoleszenz: 16, 17 bis ca. 21 Jahre	Erwachsenengestalt	Lebenszugewandtheit, leichter Sinn bis zum Leichtsinn; Aufgeschlossenheit gegenüber der Umwelt, Kontaktfreude; Lust am Besonderen, Nichtalltäglichen; Weltverbesserungsideen; Lern- und Leistungsbereitschaft, Selbstwerterkennung, die zu Generationskonflikten mit der Elterngeneration führen kann; Wunsch nach dauerhaften Freundschaften und Liebesverbindungen

Allzu leicht entsteht bei einer derartigen Übersicht der Eindruck, die Entwicklung des Kindes oder Jugendlichen verlaufe nach einem weitgehend einheitlichen Bauplan, also mehr oder weniger determiniert, wobei die Determiniertheit entweder auf die Erbanlagen (endogenistische Entwicklungstheorien) oder auf die Umwelteinflüsse (exogenistische Entwicklungstheorien) zurückgeführt wird. Beide Positionen sind in der Zwischenzeit überholt und durch eine differenzierte Sichtweise ersetzt worden. Diese geht davon aus, dass es bei der menschlichen Entwicklung immer Veränderung und Identität gleichzeitig gibt, dass beim sich entwickelnden Organismus Teile unverändert bleiben („Funktionen") und Teile sich verändern, sei es aufgrund von biologischen Gesetzmäßigkeiten, sei es aufgrund von individuell verschiedenen Herausforderungen und Situationen. Erstere werden dann „Strukturen" genannt, d. h. organisierte Verbindungen von Denk-, Fühl- und Handlungsschemata, über die der Mensch zu einer bestimmten Zeit verfügt; Letztere heißen „Inhalte", sie veranlassen den Menschen, seine Denk-, Fühl- und Handlungsschemata anzuwenden und mit ihnen Erfahrungen zu machen (interaktionistische Strukturtheorie). Zu einer Weiterentwicklung der Schemata und folglich der jeweiligen Struktur des Denkens, Fühlens und Handelns kommt es immer dann, wenn der Mensch merkt, dass er ein Problem, eine Aufgabe oder eine Herausforderung nicht mit seinen bisherigen Schemata lösen kann und deshalb neue und differenziertere Betrachtungs- und Handlungsweisen benötigt (vgl. die Theorie der Denkentwicklung von J. Piaget).

Entwicklungsaufgaben

Der strukturtheoretische Ansatz der Entwicklungspsychologie ist offen für eine Verknüpfung mit interaktionistischen und systemischen Konzeptionen. Denn Strukturveränderungen erfolgen aufgrund äußerer Veranlassungen, die beim Menschen innere Wirkungen auslösen. Die Entwicklung des Ichs bzw. Selbst (mit all seinen einzelnen Kompetenzen) muss nämlich als aktive Gestaltungsleistung des menschlichen Subjekts im Kontext vernetzter sozialer Systeme betrachtet werden. Jeder Mensch ist in diesem Sinne (als Kind) Mitgestalter und (später) Produzent seiner eigenen Entwicklung. Der Entwicklungsweg verläuft beim Menschen von der absoluten Hilflosigkeit bis hin zur völligen oder partiellen Selbstständigkeit und Mündigkeit. Auf diesem Weg entstehen für ihn an bestimmten Lebensabschnitten (Säuglingsalter, Kleinkindalter, Vorschulalter, Schulalter, Jugendalter, frühes Erwachsenenalter, mittleres Erwachsenenalter, spätes Erwachsenenalter) bestimmte, lebensalterstypische Aufgaben, so genannte Entwicklungsaufgaben („developmental tasks“ nach dem amerikanischen Psychologen und Soziologen R. J. Havighurst), die hervorgerufen werden durch biologische Veränderungen des Organismus, Ansprüche und Erwartungen der Gesellschaft und der Kultur, persönliche Ziele und Wertvorstellungen, äußere und innere Krisen. Gelingt es ihm, diese Entwicklungsaufgaben erfolgreich zu bewältigen, empfindet er Zufriedenheit und Glück und vergrößert gleichzeitig sein Selbstwertgefühl. Das schafft ihm für zukünftige Aufgaben eine günstige Ausgangsbasis. Ist das nicht der Fall, kommt es zu Versagensgefühlen, Unglücklichsein, Schwierigkeiten bei zukünftigen Aufgaben und ggf. zu gesellschaftlichen Sanktionen (vgl. Weber 1996, 123 ff.). Die Fähigkeit zur Lebensmeisterung hängt folglich wesentlich von den Entwicklungsaufgaben ab; ihre Bewältigung wirkt persönlichkeitsfördernd. Werden diese beispielsweise aufgrund verwöhnender Erziehung nicht gestellt und wird ihre Erledigung nicht eingefordert, besteht die Gefahr, dass die Persönlichkeitsentwicklung des Kindes/Jugendlichen Schaden nimmt. Unterforderung durch Verzicht auf Aufgabenstellungen schadet hier ebenso wie Überforderung durch unerfüllbare Aufgaben.

Mit den Entwicklungskrisen im menschlichen Lebenslauf hat sich besonders der Psychoanalytiker Erik H. Erikson beschäftigt. Er hat acht aufeinander aufbauende überindividuelle „Wendepunkte“, psychosoziale Krisen, im Leben eines jeden Menschen zwischen der frühen Kindheit und dem hohen Alter herausgefunden. Sie stellen jedem ganz bestimmte Entwicklungsaufgaben. Erikson benennt die Krisen mit gegensätzlichen Begriffspaaren; damit will er die Pole angeben, zwischen denen jeder Mensch bei der entsprechenden Entwicklungskrise für sich ein dynamisches Gleichgewicht herstellen muss. Gelingt ihm eine Lösung der Krise mehr zur positiven Bezeichnung hin, vermag er bei der nächsten Krise und beim nächsten Konflikt auf stärkere Grundkräfte zurückzugreifen.

Die folgende Übersicht stellt Entwicklungsphasen, Entwicklungsaufgaben und Entwicklungskrisen zusammen:

Entwicklungsphase	Entwicklungsaufgaben	Entwicklungskrisen
Frühe Kindheit (0–2 Jahre) *orale Phase*	1. Anhänglichkeit (social attachment) 2. Objektpermanenz 3. Sensumotorische Intelligenz und schlichte Kausalität 4. motorische Funktionen	Grundvertrauen gegen Grundmisstrauen
Kindheit (2–4 Jahre) *anale Phase*	1. Selbstkontrolle (vor allem motorisch) 2. Sprachentwicklung 3. Fantasie und Spiel 4. Verfeinerung motorischer Funktionen	Autonomie gegen Scham und Zweifel
Schulübergang und frühes Schulalter (5–7 Jahre) *infantil-genitale Phase*	1. Geschlechtsrollen-identifikation 2. Einfache moralische Unterscheidungen treffen 3. Konkrete Denkoperationen 4. Spiel in Gruppen	Initiative gegen Schuldgefühl
Mittleres Schulalter (6–12 Jahre) *Latenz*	1. Soziale Kooperation 2. Selbstbewusstsein (fleißig, tüchtig) 3. Erwerb der Kulturtechniken (Lesen, Schreiben etc.) 4. Spielen und Arbeiten im Team	Wertesinn gegen Minderwertigkeitsgefühl
Adoleszenz (13–17 Jahre) *Pubertät*	1. Körperliche Reifung 2. Formale Denkoperationen 3. Gemeinschaft mit Gleichaltrigen 4. Heterosexuelle Beziehungen	Identität gegen Identitätskonfusion
Jugend (18–22 Jahre)	1. Autonomie von den Eltern 2. Identität in der Geschlechtsrolle 3. Internalisiertes moralisches Bewusstsein 4. Berufswahl	

Entwicklungsphase	Entwicklungsaufgaben	Entwicklungskrisen
Frühes Erwachsenenalter (23–30 Jahre)	1. Heirat 2. Geburt von Kindern 3. Arbeit/Beruf 4. Lebensstil finden	Intimität gegen Isolierung
Mittleres Erwachsenenalter (31–50 Jahre)	1. Heim/Haushalt führen 2. Kinder aufziehen 3. berufliche Karriere	Generativität gegen Stagnation
Spätes Erwachsenenalter (51 und älter)	1. Energien auf neue Rollen lenken 2. Akzeptieren des eigenen Lebens 3. Eine Haltung zum Sterben entwickeln	Integrität gegen Verzweiflung
(nach: Oerter/Montada 1987, 112, mit Ergänzung von Eriksons Krisentheorie)		

Entwicklungsbesonderheiten

Weist ein Kind oder Jugendlicher Verhaltensweisen oder Fähigkeiten auf, die altersgleiche und unter ähnlichen Bedingungen aufwachsende Gleichaltrige zum gleichen Zeitpunkt nicht zeigen, spricht man bei ihm in der Regel von einer Entwicklungsstörung, Entwicklungshemmung oder Entwicklungsverzögerung. Ein Begriff wie „Entwicklungsbesonderheit" hat gegenüber diesen drei Begriffen Vorteile. Er ist wertneutral, vermeidet Diskriminierung und umfasst positiv wie negativ auffallende Tatbestände gleichermaßen. Als Gründe dafür, warum das Leistungs- und Sozialverhalten eines Kindes oder Jugendlichen – also seine Bewegung, Sprache, Sinneswahrnehmung, sein Denken, Gedächtnis, Gefühl und Wille – qualitativ oder quantitativ nicht altersentsprechend ist, lassen sich nennen:

▷ genetisch bedingte oder zerebrale Besonderheiten
▷ vorgeburtlich oder geburtlich erworbene Beeinträchtigungen
▷ eine nicht durch festere Regeln geprägte Erziehung und milieubedingte Sozialisationsdefizite
▷ die biografisch-individuelle Verarbeitung von Lebenssituationen
▷ eine Verursachung durch die Schule und den Unterricht.

Von allen möglichen Entwicklungsbesonderheiten sollen im Folgenden nur die, die im Regelschulunterricht besonders auffallen, kurz erläutert werden.

<u>1. Probleme mit der Wahrnehmung und der Motorik</u>

Solche Kinder haben Schwierigkeiten bei der Informationsaufnahme (Körperwahrnehmung, differenzierte Wahrnehmung, Wahrnehmungsquantität, Gestalterfassung) und infolgedessen auch bei der Informationswiedergabe. Gründe dafür können (nach Bergsson/Luckfiel 1998, S. 86–87) sein:

a) taktile Wahrnehmungsbeeinträchtigung,
d. h. das Kind nimmt Berührungsreize nicht differenziert genug wahr

- ▷ besondere Empfindlichkeit bei Berührungen
- ▷ Weinerlichkeit, Ängstlichkeit (die „Heulsuse“)
- ▷ besonders geringe Empfindlichkeit gegenüber Schmerzen (der „Raufbold“)
- ▷ plötzliche Gefühlsausbrüche und Wutanfälle ohne nachvollziehbaren Anlass
- ▷ Vermeidung von Blickkontakt, wenig Kooperationsbereitschaft und Zugänglichkeit
- ▷ geringe Eigeninitiative und geringe Bereitschaft, sich an Gruppenaktivitäten zu beteiligen
- ▷ Bestehen auf Gewohnheiten, Gedanken, Meinungen
- ▷ Panik bei Veränderungen der gewohnten Umgebung/des gewohnten Ablaufes
- ▷ Panik bei harmlosen, nicht eingeplanten Ereignissen
- ▷ Überreaktion auf unbekannte Geräusche
- ▷ Ablehnung von bestimmten Gerüchen (z. B. Fingerfarben) und bestimmten Speisen.

b) motorisch-kinästhetische Wahrnehmungsbeeinträchtigung,
d. h. das Kind hat noch Schwierigkeiten, seine Bewegungen willentlich zu kontrollieren

im sprachlichen Bereich

- ▷ Das Sprachverständnis ist besser als die Sprachproduktion.
- ▷ Geschichten, Ereignisse, Situationen können nur mit Schwierigkeiten nacherzählt/beschrieben werden (Probleme bei Aufsätzen und z. B. Konfliktklärung).
- ▷ Sprachstörungen wie Stammeln (fehlerhafte Bildung/Auslassung/Ersetzen von Lauten) und Dysgrammatismus (Störung der Fähigkeit, Gedanken durch korrekt deklinierte und konjugierte Wörter auszudrücken)

beim Schreiben und Rechnen

- ▷ Die Schrift wird zunehmend schlechter bis unleserlich.
- ▷ Schwierigkeiten beim Schätzen von Entfernungen, Strecken, Abständen
- ▷ Schwierigkeiten beim Nachbauen von Vorlagen (häufig bei Intelligenztests gefordert), beim Abschreiben

im Arbeitsverhalten

- ▷ langsame Arbeitsweise
- ▷ wenig Handlungsstrategien
- ▷ wenig automatisierte motorische Muster und Handlungsabläufe
- ▷ Merkschwächen

c) vestibuläre Wahrnehmungsbeeinträchtigung,
d. h. das Kind kann sein Gleichgewicht noch nicht austarieren

- ▷ motorische Unruhe
- ▷ Das Kind stößt sich, fällt hin, verletzt sich, wirft um, verschüttet (der „Tollpatsch").
- ▷ Schwierigkeiten, Ordnung zu halten
- ▷ häufiges Nachfragen
- ▷ Mehrteilige Arbeitsaufträge werden nicht behalten.

beim Lesen und Schreiben

- ▷ Lesen und Schreiben in verkehrter Richtung
- ▷ Auslassen von Buchstaben
- ▷ Buchstaben innerhalb eines Wortes können nicht identifiziert werden, Parameter wie „kurz – lang", „hart – weich" können nicht unterschieden werden.
- ▷ keine Diagonalen in Schrift und Bild
- ▷ Übermalen von Linien; Figuren werden beim Ausmalen nicht ausgefüllt, Kreise nicht geschlossen.

2. Schwierigkeiten beim Lesen- und Schreibenlernen

Warum Kinder sich im Anfangsunterricht schwer tun, das Lesen und Schreiben zu erlernen, kann viele und verschiedene Gründe haben. Bei einem Teil von ihnen, und das sind etwa 10% der Schulanfänger, treten spezifische Buchstabenverwechslungen auf, deren Ursache in ihrer Entwicklung liegen. Sie sind nicht oder nur unzureichend fähig, die genaue Lage der einzelnen Buchstaben und die Details ihres Wortbilds wahr- und ernstzunehmen, sodass für sie q, p, b, d ähnlich aussehen, u, n, m, w und v nicht genau unterschieden werden können und l dem i oder t oder f ähnelt. Die Fähigkeit zur Differenzierung von Details wie z. B. Reihenfolge, Anzahl, Oben – Unten oder Links – Rechts, die für das Lesen- und Schreibenlernen äußerst wichtig sind, entwickeln Kinder erst im Alter zwischen 4 und 9/10 Jahren. Bevor sie in die Schule kommen, sind solche Details kaum bedeutsam für sie gewesen, jetzt aber, mit 6 Jahren, kommt alles auf sie an. Der Zeitpunkt, ab wann ein Kind über diese Differenzierungsfähigkeit verfügt, ist individuell verschieden; erreicht wird sie von jedem, unklar ist nur der Zeitpunkt. Braucht ein Kind entwicklungsbedingt länger dafür, etwa bis zum Alter von 9 Jahren, hat es meist bereits eine Lernstörung ausgebildet. Trotz mittlerer bis hoher Intelligenz und ebensolcher Leistungsfähigkeit im Unterricht führt die im Vergleich zu vielen Mitschülern später einsetzende Differenzierungsfähigkeit zu Schulschwierigkeiten, oft zur Diagnose „Legasthenie" oder „Lese-Rechtschreib-Schwäche" (LRS). Anfangs kann sich das Kind noch durch Auswendiglernen der Fibeltexte helfen, spätestens ab dem 2./3. Schuljahr merkt es dann selbst – nachdem Lehrer, Eltern und Mitschüler es auch schon festgestellt haben —, dass bei ihm „etwas nicht stimmt". Es wird allem Lesen und Schreiben möglichst aus dem Weg gehen, was auch dort die Lernleistungen sinken lässt. Da zusätzliches Lesen- und Schreibenüben keine Besserung bringt, beginnt ein Teufelskreis. Um bei dem Schulversagen das Selbstwertgefühl nicht völlig zu verlieren, flüchten sich viele betroffene Schülerinnen und Schüler in Unterrichtsstörungen und Verhaltensauffälligkeiten. Was als durchaus noch alterskonforme Differenzierungsschwäche begann, wird bei den meisten von ihnen schnell zu einer Leistungs-, Verhaltens- und Persönlichkeitsstörung, der dann oft nur mit therapeutischen Maßnahmen begegnet werden kann – es sei denn, die Schule führt frühzeitig eine Förderdiagnostik durch (Breuninger 1995, 47–66; Wiater 1999).

3. Schwach im Rechnen

Etwa 6% der Schülerinnen und Schüler sind extrem rechenschwach, 2% von dieser Gruppe brauchen sogar aufgrund großer Sekundärprobleme wie Schulangst, Schulverweigerung oder psychosomatischer Persönlichkeitsstörungen therapeutische Hilfen von mehreren Jahren. Rechenschwäche kann – wie die Lese-Rechtschreib-Schwäche – unterschiedliche Ursachen haben. Neurophysiologische, genetische, entwicklungsbedingte und milieubedingte haben daran gemeinsam oder einzelnen Anteil; das Intelligenzniveau muss keineswegs unter dem Durchschnitt liegen. Rechenschwäche zeigt sich besonders deutlich bei Aufgabenstellungen wie den folgenden:

- ▷ beim Ziffern- und Zahlenbegriff und Zahlenverständnis (Ziffern als Kardinalzahl oder Ordinalzahl)
- ▷ beim mathematischen Gedächtnis (Ziffern merken)
- ▷ bei Durchgliederung (die Reihenfolge der Ziffern wird vertauscht, keine Struktursicherheit bei größeren Zahlenwerten)
- ▷ bei der visuellen Wahrnehmung und visuellen Organisation, vor allem auch den räumlichen Fähigkeiten
- ▷ beim Überschreiten oder Unterschreiten der Zehnerzahlen
- ▷ beim Behalten des Einmaleins
- ▷ bei Umkehraufgaben
- ▷ beim Verstehen und Entschlüsseln von Text-/Sachaufgaben.

Wird die Besonderheit bei den Kindern nicht frühzeitig (d. h. am Beginn der Grundschulzeit) erkannt und mithilfe spezifischer Fördermaterialien unterstützt, setzt auch hier der Angst-Leistungs-Teufelskreis ein, der mit Zwangsläufigkeit zum Schulversagen und mit größter Wahrscheinlichkeit zur Überstellung in eine Sonderschule führt (Akademie für Lehrerfortbildung Dillingen [Hrsg.] 1995; Hitzler/Keller 1996; Selter/Spiegel 1997).

4. Hochbegabt

„‚Begabung' ist ein aus Beobachtungen gedanklich-hypothetisch ‚erschlossenes' Konstrukt, d. h. ein Erklärungsbegriff für interindividuelle Leistungsunterschiede in spezifischen Bereichen kultureller Rezeption bzw. Produktion. … ‚Begabung' bezeichnet auch einen im Verlauf der individuellen Lebens- und Lerngeschichte erfolgenden ‚Erschließungsprozess', durch den aus dispositionellen Möglichkeiten die aktualisierte Wirklichkeit kultureller Leistungen hervorgebracht und vervollkommnet wird" (Weber 1996, 350). Während bis in die 70er Jahre Intelligenz und Begabung gleichgesetzt wurden, hat sich aufgrund verstärkter sozialwissenschaftlicher Forschungen ein differenziertes Begriffsverständnis durchgesetzt. Begabung ist sowohl eine „Gabe der Natur" als auch ein Begabtwerden durch die Umwelt und das Ergebnis einer vom Menschen selbstbestimmt verwirklichten Herausforderung. In jedem Falle muss die Begabung aber „ein wie auch immer geartetes und in seinen Manifestationen sozial vermitteltes ‚biologisches Substrat' haben" (Helbig 1988, 367). Neuere Forschungen zur Hochbegabung nehmen sowohl Abstand von der Vorstellung einer generellen, in allen Fächern vorhandenen Leistungsexzellenz von Kindern/Jugendlichen als auch von einer Gleichsetzung „hochbegabt = hoher IQ-Wert" sowie von der Meinung, Hochbegabte setzten sich in der Schule, im Beruf und im Leben von allein durch. Vielmehr wird Hochbegabung heute „als individuelles Fähigkeitspotential für außergewöhnliche, mehr oder weniger bereichsspezifische Leistungen" definiert (Heller 1998, 192). Die Leistungsexzellenz liegt also erstens domänenspezifisch vor; sie zeigt sich in der Regel in herausragenden intellektuellen, künstlerischen, motorischen, praktischen oder sozialen Fähigkeiten. Zweitens lässt sie sich immer nur im Vergleich zu altersgleichen Schülerinnen/

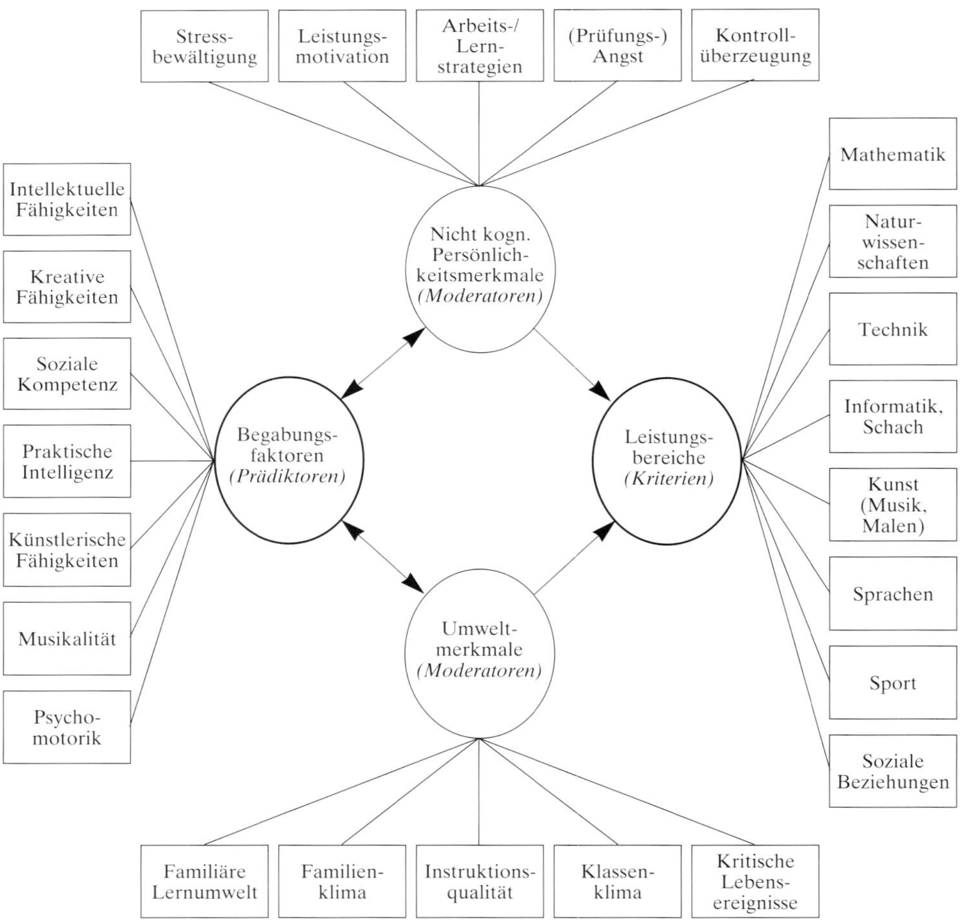

Das Münchner Hochbegabungsmodell als Beispiel für mehrdimensionale bzw. typologische Begabungskonzepte

Schülern feststellen; sie ist also altersnormorientiert. Etwa 1% bis 2% der Schüler verfügen über ein solches individuelles Fähigkeitspotential, das sie außergewöhnliche Leistungen vollbringen lässt. Diese Fähigkeitspotentiale müssen natürlich von den Kindern durch Anstrengung, Motivation und Interesse aktualisiert werden; dafür aber brauchen sie eine differenzierte entwicklungsstimulierende schulische Lernumwelt und Freizeitangebote. Bleibt diese Sonderbegabung in der Schule unerkannt, besteht die Gefahr, dass aus den hochbegabten Kindern und Jugendlichen so genannte Underachiever und Schulversager aufgrund von Unterforderung werden. In der Schule reicht der Intelligenztest keineswegs zur Feststellung von Hochbegabung aus; er muss ergänzt werden um differenzielle mehrdimensionale Fähigkeitstests und Testverfahren, die individuelle Persönlichkeitsmerkmale sowie soziale Lernumweltmerkmale mit erfassen. Die Faktorenkomplexion bei hochbegabten Kindern und Jugendlichen wird aus dem Münchner Hochbegabungsmodell (vgl. Heller/Perleth [Hrsg.] 1998) auf Seite 50 deutlich.

2.2 Was sagt die Theorie dazu?

Die Entwicklungspsychologie der Gegenwart kennt verschiedene, teils konträre Theoriemodelle, die sich wie folgt klassifizieren lassen und von denen das 3. und 4. heute am meisten diskutiert werden:

		Umwelt	
		passiv	aktiv
Person	passiv	(1.) endogenistische Theorien/Modelle	(2.) exogenistische Theorien/Modelle
	aktiv	(3.) konstruktivistische Theorien/Modelle	(4.) interaktionistische Theorien/Modelle

Schema zur Klassifizierung von Entwicklungsmodellen bzw. -theorien
(im Anschluss an K. F. Riegel 1972a und L. Montada 1982; nach Weber 1996, S. 31)

Im Blick auf Schule und Unterricht interessiert an diesen Theorien besonders, was sie über die Entwicklungsbedingungen von Kindern und Jugendlichen aussagen. Diesbezüglich unterscheidet A. Flammer (1996, 269–271) grundsätzlich:

- ▷ *die körperliche Konstitution*
  Sie ergibt sich aus der Reifung und der aktiven Übung des Menschen und gibt die Unter- und Obergrenze für seine Entwicklungsmöglichkeiten vor.
- ▷ *die aktiven Vollzugsprozesse des Menschen*
  Bei diesen unterscheidet man Performanzen und Kompetenzen; Erstere meinen das Ausprobieren von vorhandenen Schemata/Strukturen des Denkens, Fühlens

und Handelns, was zu neuen Kompetenzen führen kann; Letztere sind das Produkt des Lernens und der Entwicklung (Lernen = Erwerb von Kompetenzen) und müssen wiederum in Performanzen umgesetzt werden.

▷ *die objektiven Gegebenheiten*
Dazu zählen die physikalischen Gegebenheiten, die von Menschen geschaffenen Objekte und die sozialen Netzwerke, in denen das Kind/der Jugendliche heranwächst. Sie gewähren der Entwicklung Möglichkeiten, setzen ihr aber auch Grenzen.

Neben dem systemischen Ansatz, der bereits dargestellt wurde, interessieren hier vor allem die Theorie der Strukturgenese und die neuere Interaktionstheorie.

Die Theorie der Strukturgenese

Versteht man Persönlichkeitswerdung als einen dynamischen Interaktions- und Integrationsprozess, so verwirft man das Kausaldenken der Reifungstheoretiker ebenso wie das der krassen Milieutheoretiker. Zu erklären bleibt dann aber noch, wieso sich im Inneren des menschlichen Organismus dispositionale Eigenschaften wie Denken, Fühlen und Können qualitativ und abgestuft verändern, und wie es kommt, dass Menschen gleichen Alters, vergleichbaren Ausbildungsstands und ähnlicher sozioökonomischer Schicht bzw. Lage – wenn auch nicht vollständig, so doch signifikant – diese Stufen auf ähnliche Weise durchlaufen. Darauf versucht die Theorie der Strukturgenese eine Antwort. Ihr zufolge macht jedes Individuum eine Strukturgeschichte durch, eine durch seine eigenen Aktivitäten mit bewirkte, entwicklungsmäßige Abfolge überindividueller Sequenzen und Stufen. Unter „Struktur“ wird hier so etwas wie ein Gerüst, ein dispositionaler Kern (bestehend aus dem alterstypischen Schema des Denkens, Fühlens und Handelns), eine dem Organismus aneignende Handlungstendenz mit Handlungsbereitschaften verstanden. Ein Schema wiederum ist eine typische Weise, wie der Mensch zu einem bestimmten Zeitpunkt seiner Lebensentwicklung auf bestimmte Umweltgegebenheiten reagiert. Strukturen beginnen mit den Handlungstendenzen und Handlungsmöglichkeiten, die jedem Menschen mit der Geburt genetisch gegeben sind (z. B. greifen, saugen, sehen, hören, mit den Augen Bewegungen nachvollziehen, Instinkte). Ihnen ist ein Streben nach Aktivität, nach Veränderung und Erweiterung zu Eigen, das sich auf die umgebende Wirklichkeit richtet, um sie zu erkennen, zu erleben und zu repräsentieren, – um sich mit ihr auseinander zu setzen. Die meisten Schemata werden dann im Laufe der Entwicklung durch Interaktionserfahrungen erworben – und mit ihnen naturgemäß auch die Strukturen.
Die Theorie der Strukturgenese ist sowohl eine Entwicklungs- und Sozialisationstheorie als auch eine evolutionäre oder genetische Erkenntnistheorie. Sie führt Erkenntnis nicht auf eine abstrakte Geistigkeit oder Vernunftausstattung beim Menschen zurück, sondern auf die Dynamik der Strukturen, mit denen der Mensch sich mit seiner Umgebung auseinander setzt. Beim Aufnehmen (d. h. beim „Erhandeln“) von Informationen ist von Anfang an eine emotionale Bewertung im Spiel, das Gefühl des Angenehmen oder Unangenehmen, des Befriedigenden oder Abstoßenden, und dieses Gefühl beeinflusst die Stärke der Aktivitätstendenz. Strukturen verändern sich durch wiederholte Aktivierung und/bzw. oder durch Ver-

bindung mit anderen Strukturen und Teilstrukturen. Solche qualitativen Veränderungen und neuen Strukturen sind das Ergebnis einer kreativen Konstruktion des Subjekts, das sich mit seinen durch die jeweilige Struktur bestimmten Möglichkeiten erkennend, fühlend und handelnd auf innere und äußere Objekte bezieht. Neue Strukturen entstehen dadurch, dass das Subjekt äußere Bedingungen und Einflüsse rekonstruiert, dass es Gegenstände, soziale Vorbilder und Problemstellungen mit seinen jeweils verfügbaren Strukturen aufnimmt und verarbeitet. Im Laufe dieser Verarbeitung kommt es – als konstruktive Leistung des Subjekts – zur Differenzierung und Integration neuer Teilstrukturen, die dann als neue Strukturzustände die Basis für weitere Transformationen sind. Wenn diese Kette von Strukturzuständen bei zwei Individuen auch nie gleich verläuft, so lässt sich dennoch bei beiden im Großen und Ganzen eine entwicklungsmäßige Abfolge erkennen.
Die Anfänge dieser Modellvorstellung zur Persönlichkeitsentwicklung liegen in den Untersuchungen des Schweizer Psychologen Jean Piaget (1896–1980). Wie jüngere Forschungen zeigen, ist er dabei nachweislich von dem amerikanischen Psychologen Mark Baldwin (1861–1934), dem französischen Psychologen Pierre Janet (1859–1947) und seinem zeitweiligen Vorgesetzten, dem Schweizer Philosophen und Psychologen Edouard Claparède (1873–1949), beeinflusst (Flammer 1996, 116 f.). Piaget weist nach, dass das Kind ein Weltbild hat, das hinsichtlich der Logik, der Zeitauffassung, der Kausalität, der Zahlauffassung, der Fantasie usw. dem Weltbild des Erwachsenen völlig verschieden ist. Durch diese Beobachtung sah er sich zur Untersuchung der Denkentwicklung beim Menschen veranlasst, die ihn zur Unterscheidung von vier Hauptstadien der geistigen Entwicklung führte: sensumotorische Intelligenz, symbolisches, intuitives, vorlogisches Denken, konkret-operatives Denken, formal-operatives Denken.
Piaget versteht die Denkentwicklung des Menschen als einen Anpassungsprozess an die Umwelt, der in bestimmten, nicht umkehrbaren Phasen abläuft. Der Aufbau des kindlichen Verstehens erfolgt durch Aufnahme der Umgebung mittels der Sinnesorgane auf dem Weg über Assimilation, Äquilibration und Akkomodation. „Assimilation“ ist dabei die Fähigkeit, die wahrgenommenen Umweltinformationen zu ordnen und in das jeweilige „Schema des Kindes“ (d. h. den Informationsspeicher und die altersentsprechende Handlungsbereitschaft/Handlungsfähigkeit) mittels einer Deutungsleistung einzupassen. Das Neugeborene besitzt ja bereits angeborene Schemata, deren Handlungskomponente es sofort dazu treibt, seine vorhandenen Schemata immer wieder zu üben (z. B. saugen/lutschen, Spielzeug greifen, mit den Augen Bewegungen nachvollziehen etc.). Auf diese Weise macht das Kind Erfahrungen, die es assimilieren kann. Jedoch bleibt es nicht bei der Assimilation stehen. Unweigerlich macht das Kind Umwelterfahrungen, die es mit seinen bisherigen strukturbedingten Möglichkeiten nicht deuten und einordnen kann. Wenn das Kind merkt, dass es diese Erfahrungen nicht assimilieren kann, befindet es sich in einem Zustand fehlenden Gleichgewichts. Seine innere Aktivität drängt es nun dazu, diesen fehlenden Gleichgewichtszustand zu überwinden; d. h. Verstehen herzustellen („Äquilibration“). Jetzt kommt es zu einem geistigen Fortschritt, der „Akkomodation“. Akkomodation nennt Piaget die nunmehr einsetzende stärkere Differenzierung und komplexere Sichtweise der Umwelterfahrungen. Dadurch

wird ein „höheres Strukturniveau" erreicht, das eine wirkungsvollere Auseinandersetzung mit der Umwelt ermöglicht. Ist der Gleichgewichtszustand erreicht, ist die Struktur wieder profiliert. Aber jeder Gleichgewichtszustand birgt wieder die Möglichkeit zum Ungleichgewicht in sich, insofern neue Erfahrungen die „alte" Struktur als ungenügend erweisen. Gleichgewichtszustände sind also nichts anderes als vorübergehende Endpunkte einer Entwicklung, die zu neuen Verhaltensweisen und Schemata drängt. Die nachfolgenden sind dabei gegenüber den vorangegangenen

- ▷ qualitativ verschieden; sie weisen eine andere Art des Verstehens auf und sind nicht nur neue Inhalte oder Formen.
- ▷ eine neue strukturierte Ganzheit; sie sind in sich stimmig.
- ▷ nicht umkehrbar; die Reihenfolge der Stufen ist nicht beliebig, und kulturelle Faktoren können ihre Entwicklung nur beschleunigen, verlangsamen oder anhalten, nicht jedoch die Abfolge ändern.
- ▷ differenzierter und integrierter; sie beziehen mehr Aspekte, Faktoren und Dimensionen ein und verknüpfen diese zu einer sach- oder personadäquaten Perspektive.

Der Übertritt in eine höhere Stufe erfolgt nach Piaget nicht sprunghaft, sondern umfasst eher eine Zeitspanne, die bei den Kindern/Jugendlichen nicht zum selben Zeitpunkt einsetzt und auch nicht gleich lange dauert. Im Übrigen erreicht nicht unbedingt jeder Mensch das höchste Stadium der Denkentwicklung, schon gar nicht „automatisch".
Die Grenzen des Piagetschen Theorieansatzes sind oft diskutiert worden. Unzureichend bedacht ist zweifellos die Bedeutung des soziokulturellen Umweltangebots für die Erreichung der höheren bzw. höchsten Stufen der Denkentwicklung, denn es erreicht nicht jeder Mensch die höchstmögliche Entwicklungsstufe. Diskontinuität in der Lebensspanne und die soziale Dimension der Entwicklung lassen sich mit diesem Theorieansatz nur unzureichend erklären, ebenso die Anteile einer geschlechtsspezifischen Sozialisation. Zu kurz kommt auch die Bedeutung der dinglichen und personalen Umgebung für die Denkentwicklung. Zu wenig berücksichtigt bleibt ferner, welche Rolle Emotion und Volition bei rationalen Vorgängen spielen, ob und wie sie das menschliche Handeln gemäß der intellektuell erreichten Stufe beeinflussen; denn die Hierarchie der Denkstrukturen hat sich als bereichsspezifisch herausgestellt, selbst wer die höchste Stufe erreicht hat, handelt nicht in allen Lebensbereichen und Situationen danach. Dennoch ist Piagets Theorie zur Erklärung der Strukturgenese menschlicher Dispositionen von unbestrittener Geltung. Sein Paradigma hat bis heute entscheidenden Einfluss auf zahlreiche andere Forscher wie beispielsweise L. Kohlberg (Theorie der Entwicklung des moralischen Urteils), K. W. Fischer (Theorie der Fertigkeitsentwicklung), R. Case (Theorie der Entwicklung des Problemlösens), R. Kegan (Theorie der Selbstentwicklung).

Die Interaktionstheorie

Von ähnlich großer Bedeutung für das Verstehen der Entwicklung von Kindern und Jugendlichen wie die Theorie der Strukturgenese ist die Interaktionstheorie, vor allem in ihrer „ökologischen" (systemischen) und dialektisch-transaktionalen Ausprägung.

Interaktionen, so lässt sich heute definieren, sind verbale oder nonverbale Wechselbeziehungen zwischen Personen mit verhaltensbeeinflussender Wirkung; zugleich sind sie Gelegenheiten zur Identitätsartikulation der Beteiligten. Über Interaktionen wird seit Anfang des 20. Jahrhunderts philosophisch, soziologisch und pädagogisch gehandelt, vor allem als Reaktion auf die „klassische Rollentheorie". Deren theoretische und praktische Probleme (vgl. z. B. das rezeptiv-passive Verständnis von Rolle, die Diskrepanz zwischen „role-taking" und „role-making") zu vermeiden bzw. zu lösen, versprach der am Beginn vornehmlich mit den Namen G. H. Mead, C. S. Peirce, J. Dewey und H. Blumer verbundene Denkansatz des Symbolischen Interaktionismus. Für ihn ist der aktive Umgang des Menschen mit den Rollenerwartungen entscheidend. Er sieht darin eine konstruktive und auch kreative Leistung der Person, die allen Verhaltensanforderungen aus der Gesellschaft mit Deutungen, Erfahrungen und Intentionen gegenübertritt. Im Lebensalltag interagieren einzelne Menschen miteinander, unterstellen sich wechselseitig sinnhaftes und zielgerichtetes Tun und deuten dieses Tun in Übereinstimmung miteinander bzw. durch Aushandeln oder Durchsetzen von einvernehmlichen Bedeutungen. Dazu stehen den Menschen Symbole und Zeichen als Bedeutungsträger, als Mittel zum Verständnis und zur Verständigung zur Verfügung. Zu den Zeichen und Symbolen in der Gesellschaft gehören nicht nur Sprache und Bild, sondern auch solche, die die Form von objektbezogenen und/oder situationsbezogenen Verstehenskategorien erhalten haben, die zu Systemen signifikanter Symbole geworden sind (vgl. Statussymbole, Normen, Sitten, Gebräuche, Positionen, Institutionen, Ideologien). Sie beeinflussen die Deutung von Situationen und vermögen das Verhalten der Individuen gegenüber anderen Individuen („Rollenträgern") zu lenken. Ihre Zielrichtung ist die Verhaltensgeneralisierung in der Gesellschaft. Im Verständnis des Symbolischen Interaktionismus entsteht und verändert sich somit die Identität der Gesellschaftsmitglieder durch aktive und kreative Partizipation an der Gesellschaft. Es handelt sich um einen Prozess, bei dem der Mensch mit seinem Selbstbewusstsein die Interaktion beeinflusst und von dieser beeinflusst wird, bei dem er sich selbst darstellt und die Darstellung anderer aus deren Äußerungen und Handlungen erschließt.

Die jüngere Interaktionsforschung sieht unter Berücksichtigung der Entwicklungspsychologie den Person-Umwelt-Bezug noch differenzierter. Sie beachtet, dass die Person selbst aktiv an ihrer eigenen Entwicklung beteiligt ist (also nicht nur passiv durch die Umwelt beeinflusst wird). Auch bedenkt sie, dass die Umwelt ihrerseits durch den Bezug zur Person verändert wird. „Im interaktionistischen Ansatz werden beide Einflussrichtungen beachtet, also auch das sich entwickelnde Individuum als Gestalter seiner Umwelt. Der sich entwickelnde Mensch ist nicht nur den Einflüssen seiner Umwelt ausgesetzt, er selbst beeinflusst diese" (Oerter/Montada 1987, 29). Das lässt sich an Kindern und Jugendlichen leicht belegen. Kindliche Lebensäußerungen haben nachweislich Wirkungen auf Erwachsene. Denn „die sozialen und personalen Identitäten von Erwachsenen (sind) nie endgültig ‚fertig' ..., sondern (unterliegen) im Rahmen lebenslangen Lernens Wandlungen ... Kinder können im Leben von Erwachsenen solche Wandlungsprozesse einleiten, auslösen oder weitertreiben" (Doehlemann 1979, 94). Kinder wirken demnach nicht nur bei

ihrer eigenen Sozialisation mit, sondern auch bei der Sozialisation und Individuation von Erwachsenen. Das gilt vor allem für die Bereiche des „richtigen Handelns, der Handlungsantriebe, der interpersonalen Verständigung und im kognitiven Bereich. Reziproke Beziehungen zwischen Person und Umwelt, also ein kontextuell-vernetztes Entwicklungsparadigma, lässt sich auch für Jugendliche und ihre soziale Welt nachweisen. Zu recht kann man sagen, Jugendliche seien Produzenten ihrer eigenen Entwicklung“ (Lerner 1984, 69 ff.). Das physische Erscheinungsbild, Temperamentsfaktoren und Verhaltensweisen, die in bestimmten Situationskontexten gezeigt werden, erhalten unterstützende oder positive Rückmeldungen der jeweiligen Umwelt, wenn sie deren Anforderungen in spezifischer Weise entsprechen. Zugleich verändern sich die Verhaltensweisen anderer in der Umgebung der Jugendlichen. Da jeder Jugendliche in mehreren Kontexten lebt, muss er auf die jeweilige Anforderungskonstellation reagieren, muss sie integrieren und so (An-)Passung herstellen. Um deshalb zu seiner eigenen Entwicklung beitragen zu können, wird er bemüht sein, auf die jeweilige Umgebung einzuwirken. Gerade für das Jugendalter gilt daher: „Erfolgreiche Anpassung impliziert stets eine bestimmte Koordination zwischen sich wandelndem Selbst und sich ändernder Umgebung“ (a. a. O., 86).
So ist auch der Unterricht in der Schule ökologisch-systemisch zu sehen. Zwischen den beteiligten Personen (Lehrer/Lehrerin, Schüler/Schülerinnen) kommt es zu ständigen Wechselwirkungsprozessen, während derer sich die Gesamtgruppe durch die individuelle Entwicklung jedes Einzelnen verändert. Es ergeben sich Konflikte, die immer wieder neu ausbalanciert werden müssen („Äquilibration“) und in deren Folge neue Strukturen entstehen. H. Nickel nennt das den „transaktionalen Prozess der Lehrer-Schüler-Interaktion“ (Nickel 1993, 244 ff.), andere sprechen hier von reziproker oder retroaktiver Interaktion (Dollase 1985, Klewes 1992), wieder andere von Dialektik (Riegel 1978). Dabei geht es im Wesentlichen um denselben Sachverhalt: „Die Gedanken, Handlungen und Emotionen eines Individuums können, nachdem sie einmal erzeugt und aktualisiert wurden, diejenigen seiner Zeitgenossen oder Nachfahren umformen. Gleichzeitig können die Gedanken, Handlungen und Emotionen der anderen Individuen die des einzelnen Individuums beeinflussen. In dieser dynamischen Wechselwirkung zwischen innerer und äußerer Dialektik verändert der Mensch nicht nur die Außenwelt, in der er lebt, sondern wird selbst durch die Welt, die er und andere geschaffen haben, verändert“ (a. a. O., 76).
Das drückt auch der Begriff „transaktional-ökologisch“ aus. Im Unterschied zu dem, was traditionell unter Interaktion verstanden wurde, wird hier nicht nur die Wechselwirkung, die bei jedem (Lehrer wie Schüler) Veränderungsprozesse auslöst, präzisiert, sondern Interaktion auch als eine systemisch vernetzte verstanden, die entscheidend mit dem verschachtelten System von Umweltkontexten (Eltern-Kind-Beziehung/Lehrer-Kind-Beziehung, Elternhäuser untereinander, Kommune, Arbeitsplatz, Bekanntenkreis, Industriegesellschaft insgesamt) bei jedem Einzelnen zu tun hat. Alle Interaktionen sind eingebettet in konzentrisch sich ausbreitende Umweltbereiche, in denen der Einzelne lebt, denkt und fühlt und die den Bedeutungskontext ausmachen, mit dessen Hilfe er die Interaktion versteht und bewertet (= ökologisch). Umgekehrt wirkt sich dieselbe Interaktion aufgrund

der subjektiv-aktiven Rezeption durch den einzelnen Menschen rückwirkend auf den aus, der sie in Gang gesetzt hatte (= transaktional).
Für die Schule hat das transaktional-ökologische Konzept tiefgreifende Folgen. Denn es verbietet anzunehmen, es gäbe bei der schulischen Interaktion unabhängige Variable und abhängige Variable. Das Beziehungsgefüge, in dem Lehrer und ebenso Schüler, Eltern, Schulaufsicht usw. stehen, ist vielmehr äußerst komplex. Denn wie Lehrer und Schüler denken, fühlen und handeln, ist sowohl von intrapsychischen Bedingungsvariablen als auch vom soziokulturellen Bezugsrahmen abhängig. Subjektive Verzerrungen, Fehldeutungen aufgrund persönlicher Einstellungen und Erwartungen, implizite Persönlichkeitstheorien sowie eigene Wünsche, Maximen und Intentionen wirken unablässig mit.

2.3 Konsequenzen für die Unterrichtspraxis

Schulrelevante Entwicklungsverläufe

Die Entwicklungslinie jedes Schülers/jeder Schülerin ist individuell aufgrund der Interaktionen, aus denen er bzw. sie durch Erfahrungen gelernt hat; zugleich verläuft deren Entwicklung aufgrund der sich entfaltenden Denk-, Gefühls- und Könnensstrukturen und wegen der Entwicklungsaufgaben und –krisen im Großen und Ganzen sequenziell ähnlich. Stark vereinfacht ergibt sich dabei, bezogen auf schulrelevante Verhaltensmerkmale, eine Übersicht wie die folgende (vgl. Keller 1994, 31–38):

<u>Vorschulalter</u>

▷ *Denkentwicklung: intuitives, bildhalft-anschauliches, vorlogisches Denken*
Unbelebte Gegenstände werden als belebt wahrgenommen.
Naturerscheinungen werden wie menschliche Handlungen aus dem vermeintlichen Zweck erklärt.
Richtig ist, was das Kind gerade sagt, Alternativen werden nicht bedacht.
egozentrische Sicht von Problemen
Mehrere Dimensionen, Beobachtungen, Kategorien und Merkmale können nicht auf einmal erfasst werden.
vielseitiges Interesse

▷ *Sprachentwicklung*
geringer Wortschatz (ca. 2500 Wörter bei Sechsjährigen)
Verfügen über die wichtigsten syntaktischen und grammatikalischen Regeln ab dem 5. Lebensjahr
Egozentrismus bei der Kommunikation

▷ *Gefühls- und Sozialentwicklung*
starke Personenbezogenheit, weniger sachbezogenes Handeln
Lockerung der frühkindlichen Bindungen und Erweiterung des sozialen Erfahrungsraumes
Ängste und gefühlsmäßige Orientierung an Märchen und Magie

Die Gleichaltrigengruppe/Freundschaft wird als eine nur physische Gemeinschaft angesehen.

▷ *Moralentwicklung: präkonventionelle Phase*
Was Spaß macht oder belohnt wird, ist gut, was Schmerz und Angst verursacht oder bestraft wird, ist böse.
Es ist eine Vorstellung von Verpflichtung (Sollen, Müssen) vorhanden.
Moralische Regeln zu verstehen, bereitet Schwierigkeiten.

▷ *Motorische Entwicklung*
starker Tätigkeitsdrang und vielfach noch eine Spielhaltung
Zunahme der Feinmotorik und Differenziertheit bei Handlungen
Simultankoordination von Armen und Beinen möglich

Schulkindalter

▷ *Denkentwicklung: konkret-operatives Denken*
Das Denken ist immer noch anschauungs- und handlungsgebunden, wird aber flexibler.
Systeme/Gruppen zu bilden und zu kategorisieren, gelingt jetzt.
Es können Ober- und Unterbegriffe angegeben und Ordnungen von Elementen nach mehreren Kategorien durchgeführt werden.
Der Zahlenbegriff (als Fähigkeit der Klassenbildung und Serienbildung) entwickelt sich, mit Zahlen (Zahlwörter) können jetzt Operationen durchgeführt werden.
Raum, Zeit und Volumen werden verstanden.

▷ *Sprachentwicklung*
Der Wortschatz erweitert sich um viele konkrete Begriffe, Adjektive und Verben.
Das Satzbaumuster wird durch Kausal- und Konditionalsätze erweitert.
Die Verwendung der Zeiten ist noch unspezifisch, wird ab dem 3. Schuljahr spezifisch.
Erzählungen können zusammenhängend und „objektiv“ durchgeführt werden.
Klassifikationen und logische Problemlösungen in der Sprache und beim Erzählen gelingen

▷ *Gefühls- und Sozialentwicklung*
Die Ich-Stärke bei Lernerfolgen wächst.
Die emotionale Kontrolle gelingt besser.
Die Identifikation mit der Geschlechterrolle beginnt.
Freundschaften mit Gleichgesinnten (meist geschlechtshomogen) beginnen.
Lernen in Gruppen ist möglich, es wächst aber auch die Gefahr sozialer Ausgrenzungen.

▷ *Moralentwicklung: konventionelle Phase*
Konformität und Loyalität gegenüber sozialen Ordnungen und den Erwartungen einzelner Personen sind bestimmend.
Norm- und Wertvorstellungen werden verinnerlicht.

▷ *Motorische Entwicklung*
Die Auge-Hand-Koordination wird vollkommener.
Es besteht große Freude und Lust an der Bewegung.

Jugendalter

- ▷ *Denkentwicklung: formal-operatives Denken*
  Übergänge von der Anschauungs- und Handlungsgebundenheit des Denkens bestehen noch längere Zeit und sind individuell verschieden.
  Schlussfolgern, Hypothesen bilden, Variable identifizieren und über das Denken nachdenken gelingt mehr und mehr.
  Kombinatorische Strukturen werden aufgebaut und planvolles Experimentieren durchgeführt.
  Die Beweglichkeit des Denkens, nämlich auf verschiedenen Lösungswegen zum Ziel zu kommen, und perspektivisches Betrachten nehmen zu.
  Das optimale Denkniveau erreicht der Einzelne nur in kultur- und erfahrungsspezifischen Bereichen.
- ▷ *Sprachentwicklung*
  Wortschatz und Satzbau werden differenzierter.
  Grammatikalische Gesetzmäßigkeiten werden aus ihrem Ziel verstanden.
  Sprachliche Darstellungen werden strukturiert, Aussagen argumentativ abgesichert, Gedanken und Gefühle in sprachlich adäquater Form ausgedrückt.
- ▷ *Gefühls- und Sozialentwicklung*
  Die Suche nach Idealen, Werten und Identifikationsmöglichkeiten wird intensiver.
  Die Gefühle werden differenzierter, Empathie bildet sich aus.
  Große Gefühls-, Einstellungs-, Motivations- und Stimmungsschwankungen zeigen sich.
  Introspektive Tendenzen sind erkennbar.
  Die Loslösung vom Elternhaus zugunsten Gleichaltriger nimmt stark zu.
  Freundschafts- und Liebesbeziehungen werden aus gegenseitigem Interesse und wegen des Austausches gepflegt.
  Sowohl gesteigerte Aggression als auch größere Bereitschaft zu sozialer Mitverantwortung treten auf.
  Das Interesse an sich selbst und am Ästhetischen wird größer.
- ▷ *Moralentwicklung: postkonventionale, autonome oder prinzipiengeleitete Phase*
  Es entsteht das Bemühen, allgemeine Werte und Prinzipien zu definieren.
  Eine individuelle Moral wird aufgebaut.
  Es besteht vielfach ein Widerspruch zwischen dem geäußerten moralischen Anspruch und dem eigenen Verhalten.
- ▷ *Motorische Entwicklung*
  Die Motorik ist teil- und zeitweise ungelenk, allerdings mit geschlechtsspezifischen Unterschieden.
  Das Interesse an Bewegung nimmt bei vielen ab.

Zu wissen, wie sich die Entwicklung von Kindern und Jugendlichen vollzieht, welche Entwicklungsaufgaben zu (ungefähr) welchem Zeitpunkt bei ihnen auf eine gewisse „Empfänglichkeit“ treffen sowie mit welchen Entwicklungsbesonderheiten Lehrerinnen und Lehrer auf Schülerseite rechnen müssen, ist für die Planung und Gestaltung des Unterrichts von großer Bedeutung. Denn aller Unterricht soll schülergemäß, und das heißt: entwicklungsgemäß sein. Er muss (möglichst) die den Entwicklungsstufen der Schülerinnen/Schüler (besser: jeder einzelnen Schülerin/jedes einzelnen Schülers) spezifischen Denk-, Gefühls- und Handlungsformen berücksichtigen, ihre besonderen Bedürfnisse und Interessen beachten und sie in ihrer Persönlichkeitsbildung unterstützen (vgl. Weber 1996, 183 ff.). So trägt der Unterricht zum Aufbau von Entwicklungskompetenzen beim Schüler bei, mit deren Hilfe dieser seine eigene Entwicklung gestalten kann. Dazu ist organisierte Lernhilfe nötig. Für den Lehrer/die Lehrerin ergeben sich daraus folgende drei wichtige Aufgaben:

- ▷ das eigene Bild vom Kind/Jugendlichen reflektieren, in ihnen nicht den „Noch-nicht-Erwachsenen", das „Mängelwesen", das „Objekt der Belehrung" sehen, sondern das Subjekt, das bereits Kompetenzen mitbringt und auf dieser Basis nur selbsttätig neue Entwicklungskompetenzen aufbauen kann
- ▷ die Diagnose durchführen, auf welcher Stufe des Denkens, Fühlens und Könnens sich das Kind/der Jugendliche bewegt, und zwar durch systematische Beobachtung, Fehleranalyse und ggf. den Einsatz von Testverfahren
- ▷ die individuelle Förderung der Entwicklungskompetenzen und das Ausgleichen spezifischer Entwicklungsbesonderheiten des Schülers/der Schülerin vor allem durch innere Differenzierung, bei Bedarf auch durch äußere Differenzierung in Form von Förderkursen, freien Arbeitsgemeinschaften und ggf. in Zusammenarbeit mit außerschulischen Institutionen der Kinder- und Jugendhilfe.

Unterricht kann die Entwicklung des Kindes/Jugendlichen unterstützen und lenken. „Optimale Entwicklung und Erziehung verlangen nach einer jeweils ausgewogenen mittleren Position zwischen den beiden Extremen einer die Entwicklung vorantreibenden und überfordernden Erziehung und einer die Entwicklung verzögernden und unterfordernden Erziehung" (Weber 1996, 190). Was zu leicht oder zu schwer ist, fordert nicht heraus, sondern nur, was „einen dosierten Schwierigkeitsgrad (hat), der den sachstrukturellen Entwicklungsstand des Kindes um ein Geringes übersteigt" (Heckhausen 1969, 206). Eine solche „dosierte Diskrepanz" (Weinert/Treiber 1985, 173), bei der das Neue mit Anstrengung oder mithilfe anderer Schüler erreicht werden kann, bedeutet, dass mit Lernanforderungen beim Grenzwert der jeweils vorliegenden „Entwicklungsphase" angesetzt werden soll. Auf diese Weise vermag das Lernen die Entwicklung voranzubringen (vgl. Wygotski 1977; Herzog 1991).

Von SchülerInnen eine andere Weltsicht lernen

Was Kinder tun, sagen und fragen, verwundert nicht selten die Erwachsenen. Sie kombinieren Materialien, Worte, Inhalte, Gegenstände, geben ihnen neue Bedeutungen, lassen sie nach Belieben lebendig oder leblos werden, setzen sich zu ihnen in eine direkte Beziehung und gehen mit Raum und Zeit recht ungebunden um (vgl. Gardner 1994). Als Erwachsener ist man dagegen seit langem an feste Wahrnehmungsformen, logische Denkweisen und allgemein verbindliche Sprachmuster gewöhnt. Anders die Kinder. Sie unterscheiden nicht zwischen Möglichem und Unmöglichen, Fiktivem und Realem, Normalem und Unnormalem, Sinnvollem und

Unzweckmäßigem und kümmern sich nicht um Naturgesetze oder Materialeigenschaften. Sie verfügen über eine ganzheitliche Selbst- und Weltbeziehung, denken, leben und fühlen „ökologisch“. Ihre Erlebnisweise und ihr Weltzugang wechseln unbedacht die Realitätsebenen, sehen die Wirklichkeit aus dem jeweiligen Augenblick heraus, gehen schöpferisch und spielerisch mit ihr um – vorausgesetzt die Kinder stehen nicht unter Konformitätsdruck (der Eltern oder der Schule) oder wurden durch ihre vorschulische Lebenswelt nicht daran gehindert. Sofern ihnen das Fragenstellen nicht verboten oder ausgetrieben wurde, haben sie etwas von Philosophen an sich, ist doch die Philosophie die „ars quaerendi“. Ihre Warum-Penetranz richtet sich auf Selbstverständlichkeiten und Sinnorientierungen, auf Alltägliches und Transzendentes, auf Naturgesetzlichkeiten und zufälliges Verhalten. Ihre verfremdende, unökonomische und kreative Art, mit den Dingen, den Räumen und der Zeit umzugehen, fordert die Erwachsenen, Lehrer wie Eltern, heraus und veranlasst sie, sich auf ihre, eher ursprünglich zu nennende Art der Begegnung zwischen Mensch und Welt einzulassen. Das können (und müssen) viele Erwachsene für sich neu lernen. Im Sinne der neueren Interaktionstheorie könnte das Zusammenleben und Zusammenarbeiten von Kindern und Lehrern/Lehrerinnen nämlich die „Erwachsene(n) sprachempfindlicher machen und misstrauischer gegen die verbreitete Neigung, der Welt mit Wort- und Wahrnehmungsschablonen beizukommen“ (Doehlemann 1979, 114).

Beispiel

Maries und Tills Denkpark als Impuls für Schülerinnen/Schüler, über ihren eigenen Denkpark und sich selbst zu räsonnieren

(aus: Heesen 1998, 56 ff., 59)

Der Eingang ist ein ganz großer Kreis.
Du musst durch den Kreis gehen,
um hineinzukommen.
Durch den Kreis fließt Wasser.
Du musst über das Wasser steigen
oder springen.
Das finden Marie und Till überhaupt nicht
schwer. Sie sind gemeinsam unterwegs.
Sie sind die ganze Straße entlanggelaufen,
und jetzt stehen sie vor dem Denkpark.
Mit einem Sprung über das Wasser
sind sie drin.
In dem Park sehen Marie und Till
fantastische Gebilde. Links stehen die
Kleine-Probleme-Sträucher.
Till steuert direkt darauf zu.
Till mag kleine Probleme und schnüffelt
an den Sträuchern.
Marie hat diese Sträucher noch nicht
einmal gesehen. Typisch Marie,
kleine Probleme sieht sie gar nicht!
Marie ist etwas nach rechts gegangen, und
schon hat sie sich im
Große-Probleme-Wald verirrt.
So ist das mit Marie, sie übertreibt alles.
Wenn Marie einmal ganz kurz etwas
nicht weiß, dann weiß sie gleich
überhaupt nichts mehr.
Marie rennt von einem
Riesen-Probleme-Baum zum anderen.
Sie ist völlig durcheinander.
Mariechen, Mariechen!
Marie schreit, so laut sie kann!
Till hört sie schreien, aber er steht
gerade an einem Kleine-Probleme-Strauch,
der eine sehr schöne Form hat.
Ganz gemächlich macht er sich auf
die Suche nach Marie.

„Pass doch auf, wo du hinläufst", sagt Till. Er nimmt Marie an die Hand und zieht sie aus dem Große-Probleme-Wald. „Das ist nichts für dich", sagt Till. Jetzt stehen sie zusammen vor einem Feld mit Frageblumen. Zu jeder Blume gehört eine andere Frage. Es sind ganz seltsame Fragen darunter, zum Beispiel: „Kannst du auf der Rückseite des Mondes sitzen?" und „Wie viele Probleme hast du an einem Tag?" Till zeigt mit dem Finger auf den Teich mit dem Schilf. Dort stehen alle Dinge beisammen, die anderen Dingen ähnlich sehen. Marie traut sich kaum noch, die Augen aufzumachen. Im Denkpark gibt es einfach zu viel zu sehen und zu erleben. „Ich will nach Hause", ruft sie. Marie ist in Panik. „Wir kommen hier nie mehr raus, wir haben uns für immer verirrt." Till lacht. „Im Moment ja, aber gleich nicht mehr. Wir sehen uns hier einfach etwas um, und dann springen wir wieder über das Wasser aus dem Kreis."

Arbeitsauftrag:

Problemfragen

1. Was sind kleine Probleme?
2. Was sind große Probleme?
3. Wer hat nur kleine Probleme wie Till?
4. Wer hat nur große Probleme wie Marie?
5. Können kleine Probleme groß werden?
6. Können große Probleme klein werden?
7. Kennst du noch andere Fragen, die du im Denkpark finden kannst?
8. Gibt es auf jede Frage eine Antwort?
9. Was ist eigentlich ein Problem?

Denkparkbild

▷ Male ein Bild vom Denkpark.
Es dürfen aber keine normalen Bäume, Sträucher oder Blumen darin stehen, sondern nur Kleine-Probleme-Sträucher, Große-Probleme-Bäume und Fragenblumen.

▷ Vergiss nicht, dass auch in deinem eigenen Kopf ein Denkpark ist. Wie sieht dein Denkpark aus, oder was begegnet dir alles, wenn du darin spazieren gehst?

Bei SchülerInnen die Selbstentwicklung fördern

Alles didaktische Tun in der Schule dient dem Zweck, Kinder und Jugendliche beim geregelten Aufbau ihrer Vorstellungen und ihrer Dispositionen zu unterstützen. Wie man das beispielsweise bei der Denkentwicklung kann, hat J. Piaget bereits vor 25 Jahren gesagt. Als didaktische Konsequenz seines Modells nennt er zwei Unterrichtsgrundsätze, das Prinzip der Aktivierung und das der Kooperation bzw. des

Lernens in Gruppen. Das Denken lässt sich seiner Meinung nach nicht durch bloße Rezeption und Reproduktion von Lernstoff fördern, sondern nur durch Erkenntnisse, die von den Schülern selbsttätig gewonnen wurden, durch eigenes Begreifen, erfinderisches Denken und durch Interesse am Problem; denn die Schüler müssen die Dinge/Gegenstände/Sachen strukturieren und dem eigenen Intellekt anpassen, die (bisherige) Intelligenz daran arbeiten lassen und bei „Unverständnis" das kognitive Gleichgewicht selbst regulieren. Das Lernen in Gruppen, statt allein und in Abhängigkeit vom Lehrer, fördert vor allem die Fähigkeit des Schülers, die Perspektive anderer zu bedenken; das lässt ihn seinen Egozentrismus im Denken überwinden und die Reversibilität bei kognitiven Operationen entwickeln. Konkret bedeutet das: Um die Denkentwicklung der Schülerinnen/Schüler positiv zu beeinflussen, sollte der Unterricht Inhalte eines etwas anspruchsvolleren Niveaus präsentieren, als die Schüler schon erreicht haben. Denn was sie nicht zufrieden stellend assimilieren können, führt zur Akkomodation und zu neuen Schemata. Ferner sollte der Unterricht den Schülerinnen/Schülern Freiräume für spontane Aktivitäten belassen; diese sind nämlich ebenfalls Erfahrungsfelder für Akkomodation und Zirkulärreaktionen. Von spezifischen Trainingssequenzen der Piagetschen Denkstufen ist indes abzusehen. Leistungssteigerungen in einzelnen Bereichen sind zwar durch Übung zu erreichen, sie lassen sich aber nicht generalisieren und bewirken nicht, dass die nächsthöhere Denkentwicklungsstufe erreicht wird.
Konflikte, Ungleichgewichte und Widersprüche gehören also notwendigerweise zur Entwicklung von Kindern und Jugendlichen. Ohne sie kann es keinen Fortschritt im Denken, Fühlen und Handeln geben. Konflikte sollten deshalb nicht verdrängt oder unterdrückt werden, sondern – wenn und wo immer das möglich ist – produktiv aufgearbeitet werden. Sie sind Gelegenheiten, bei denen der Einzelne lernt, Fragen an sich und andere zu stellen, nach Lösungen zu suchen, sie zu reflektieren, zu diskutieren und ggf. neue Lösungsmöglichkeiten zu finden. Konflikt und Konsens, Kritik und Zugeständnis gehören bei einer produktiven Verarbeitung der Streitigkeiten zusammen. Kinder und Jugendliche fördern kann immer nur heißen, ihre Selbstentwicklung zu fördern. Dazu muss der Unterricht Möglichkeiten eröffnen, indem er:

- ▷ den Schülerinnen/Schülern didaktische Wahlmöglichkeiten einräumt, die ihrer Entwicklungsstufe entsprechen, sowohl im Rahmen lehrplanbezogenen Lernens als auch in freien Arbeitsgemeinschaften und außerunterrichtlichen Schulaktivitäten
- ▷ Zeit und Gelegenheit zur Wertklärung und Wertorientierung gibt, wenn immer der Unterricht dazu veranlasst, damit sie sich ihrer eigenen Werte bewusst werden und ihr Verhalten als zu verantwortende Wahl zwischen verschiedenen Handlungsmöglichkeiten erfahren
- ▷ Lernen als Möglichkeit zum Erwerb von Selbstständigkeit, Selbstvertrauen, Selbstbewusstsein und Selbstgestaltung konzipiert, und zwar durch eigenverantwortliche didaktische Mitwirkung der Schülerinnen/Schüler
- ▷ eine Dialogstruktur aufbaut, die die Kinder und Jugendlichen zur Selbstreflexion und zum kritisch-selbstkritischen Denken anhält, die offen ist für ein kommunikatives und argumentatives Aushandeln sozialer Identität und Rollenmuster.

Bei SchülerInnen Entwicklungsbesonderheiten kompensieren

Es kann nicht Sache der Schule sein, Kinder und Jugendliche immer wieder erfahren zu lassen, wo ihre Defizite liegen; vielmehr muss es ihr ein Anliegen sein, die Kompetenzen, die sie haben, zu stärken und als Ressourcen zu nutzen, damit sie ihre Beeinträchtigungen soweit wie möglich auszugleichen lernen.
Als unterrichtliche Maßnahmen eignen sich hier Ermutigung, Beratung und spezifische Übungsprogramme. Ermutigende Interventionen helfen, emotionale Blocka-

Flussdiagramm des Beratungsprozesses (nach Hennig/Keller 1993, 147)

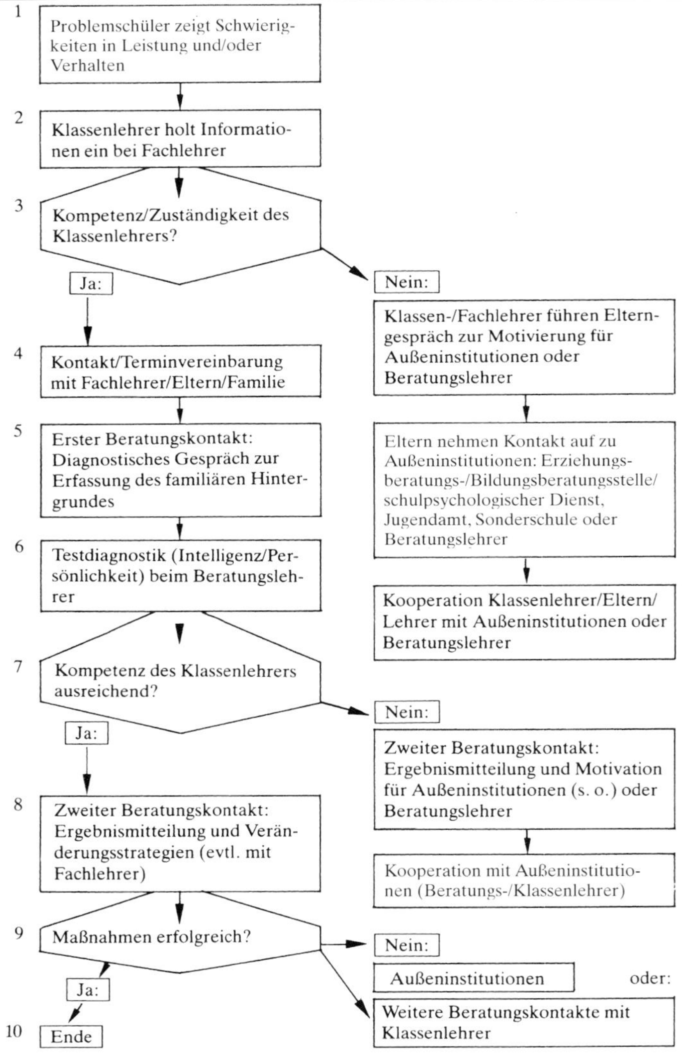

* Falls die Eltern nicht in der Lage sind, die Elternrolle einzunehmen, erfolgt Elternunterstützung bzw. Elternersatz durch Jugendamt.

den und resignative Tendenzen aufzufangen; Beratungsgespräche auf der Grundlage genauer systemischer Förderdiagnosen können Überforderung und Unterforderung vorbeugen; Förderprogramme, die auf die spezifische Lernlage des Kindes/Jugendlichen zugeschnitten sind, leisten entsprechende Kompensationshilfe.
Das Handeln des Lehrers/der Lehrerin sollte grundsätzlich von einem förderdiagnostischen Anliegen bestimmt sein. Dabei gilt das Interesse nicht der Aussonderung auffälliger Schüler/Schülerinnen, vielmehr geht es um die Planung eines schrittweisen, handlungsorientierten Aufbaus verbesserter Lern- und Verhaltenskompetenzen bei ihnen. Am Anfang dazu steht – wie dargestellt – die differenzierte Wahrnehmung und systematische Beobachtung des Schülerverhaltens sowie die Kontaktaufnahme mit dem Schüler und seinem Umfeld. Dabei kann sich ergeben, dass der Lehrer und das Kollegium mit der Förderung des Schülers überfordert sind, dass also spezielle psychologische, sonderpädagogische oder therapeutische Dienste einbezogen werden müssen.

Was die Lehrerinnen und Lehrer konkret im Unterricht tun können, wenn sie bei Schülern Förderbedarf erkennen, verdeutlichen die folgenden Beispiele:

1. SchülerInnen mit Förderbedarf in der Wahrnehmung und Motorik

Am Beginn jeder Fördermaßnahme stehen möglichst genaue Beobachtungen des Lehrers/der Lehrerin. Anfangs zufällig und beiläufig wahrgenommenen Besonderheiten, wie z. B. dass das Kind sich ungeschickt bewegt, häufiger hinfällt, anstößt, wenig sorgfältig malt, schreibt und bastelt, sollte der Lehrer/die Lehrerin gezielt nachgehen. Die Istlage des Schülerverhaltens sollte erfasst, Förderziele sollten angegeben und geeignete pädagogische und didaktische Maßnahmen mit dem Schüler und seinen Eltern überlegt werden (Förderplan). Zu klären ist dabei, in welchen Situationen das Verhalten auftritt, was ihm vorausging und wie Mitschüler und Lehrer darauf reagieren. Aus der Gelegenheitsbeobachtung wird auf diese Weise eine systematische, die die Grundlage für förderliche Aktivitäten innerhalb des Unterrichts und ggf. außerschulisch bei Jugendvereinen/-verbänden, Sonderpädagogen, psychosozialen Institutionen oder Fachtherapeuten ist. Die Tabelle auf Seite 66 (nach Bergsson/Luckfiel 1998, 40–46) kann dem Lehrer/der Lehrerin dabei helfen.
Die fundierte Diagnose, die durch außerschulische sozialpädagogische Experten durchgeführt werden muss, führt in der Regel zu Trainingsprogrammen, durch die Funktionsstörungen bei den Kindern gezielt behandelt werden. Bei der Umsetzung dieser Programme müssen Elternhaus und Schule nach Anleitung der Experten kooperieren.
Zur Förderung der Motorik sowie der taktilen, kinästhetischen und vestibulären Wahrnehmung empfiehlt es sich aber auch, während des Unterrichts vermehrt Bewegungsangebote zu machen. Bewegungsübungen auf dem Stuhl und mit dem Stuhl im Klassenzimmer, Tast-, Hör- und Sehübungen helfen nicht nur mit, die Entwicklungsbesonderheiten einzelner Schülerinnen/Schüler auszugleichen; sie steigern gleichzeitig die Konzentration und Leistungsfähigkeit aller (vgl. Seemann-Girrbach/Staudinger 1995). Eine weitere Fördermöglichkeit bietet sich

	Bewegungsaufgaben	+	–	mittel	Bemerkung
	isolierte Fingerbewegungen an einer Hand/an beiden Händen gleichzeitig (weder andere Finger noch das Gesicht sollen sich mitbewegen, wenn ein Finger gebeugt wird)				
	Fingeroppositionstest einhändig/beidhändig (Daumen und jeweils ein weiterer Finger derselben Hand werden an den Nägeln aneinander gesetzt)				
	Fuß- und Zehenbeweglichkeit (einen Fuß/beide Füße im Sitzen abwechselnd strecken, Zehen anziehen, im Fußgelenk drehen, die Zehen beugen)				
	verschiedene Formen unter einem Tuch ertasten und entsprechenden Bildkarten zuordnen; gleiche Formen *mit beiden* Händen unter einem Tuch ertasten (Quadrate, Rechtecke, Dreiecke, Kreise u. Ä. aus einem Baukasten)				
	Zeichen, Figuren über die taktile Wahrnehmung erkennen und benennen (Buchstaben u. a. auf den Handrücken „schreiben“ ohne visuelle Kontrolle)				
	Berührungsreize genau lokalisieren ohne visuelle Kontrolle (einen, zwei Punkte auf der Hand des Kindes berühren und genau zeigen lassen)				
	mit offenen, anschließend mit geschlossenen Augen eine Strecke gehen und beobachten, ob das Kind die Richtung einhält oder abweicht				
	mit geschlossenen Augen die Richtung einer Geräuschquelle zeigen/einem Geräusch folgen und beobachten, ob das Kind die Richtung sicher feststellt und ihr folgen kann				
	auf einer aufgemalten Linie vorwärts balancieren, indem das Kind einen Fuß direkt vor/hinter den anderen setzt, und die Abweichungen, die Ausgleichsbewegungen mit den Armen, die Mitbewegungen im Gesicht, Ausdauer und Sorgfalt beobachten				
	auf einem Bein (rechts und links) hüpfen/beidbeinig in Schlusssprüngen vorwärts hüpfen/über eine Linie hüpfen, und den Rhythmus, das Bewegungsmuster, die Mitbewegungen der Arme, die Mitbewegungen im Gesicht/der Zunge beobachten				
	das Kind auf einem Bein mit offenen und mit geschlossenen Augen stehen lassen und beobachten, ob es sicher und mit locker hängenden Armen steht; Kinder mit Gleichgewichtsproblemen machen viele Ausgleichsbewegungen mit den Armen, mit dem Körper; auch auf die Mitbewegungen im Gesicht achten				
	einen Gegenstand mit den Augen verfolgen, wobei sich der Kopf nicht bewegt (der Gegenstand wird vom Lehrer geführt: von rechts nach links und zurück, von oben nach unten und zurück, diagonal und kreisend) die Übung mit beiden Augen, danach mit dem rechten und dem linken Auge getrennt (das andere Auge wird dabei vom Kind zugehalten) durchführen lassen einen Gegenstand in der Nähe (Nahpunktsicht) und einen in der Ferne (Fernpunktsicht) fixieren lassen und dabei die Augen des Kindes beobachten einen Gegenstand fixieren (ca. 1 Meter Abstand) lassen und den Gegenstand langsam in Richtung der Augen des Kindes führen				

durch die bewusst gestaltete aktive Pause an. Bewegte Pausen mit altersgerechten Spielideen und Spielgeräten auf dem Schulhof sind gute (bisher zu wenig genutzte) Möglichkeiten, Motorik und Körperwahrnehmung lernzielfrei zu unterstützen. Geeignete Aktivitäten sind: werfen/fangen, zielen/treffen/wiederholen, verschiedene Arten der Fortbewegung, rückwärts und seitenverkehrt spielen, sich in einem Raum bewegen, Bewegungen zu Musik und Gesang usw. (vgl. Mundigler 1993).

<u>2. SchülerInnen mit Förderbedarf beim Lesen und Schreiben</u>

Wie immer können die Gründe für die Lese-Rechtschreib-Schwäche eines Kindes viele verschiedene sein: die Leselernmethode (z. B. Ganzheitsmethode), ungünstige Bedingungen durch ein lesefernes und psychosozial belastendes Elternhaus, Schwierigkeiten mit der Klassengemeinschaft, eine allgemeine Lernbehinderung, Verhaltensauffälligkeiten oder auch eine angeborene oder erworbene Dyslexia. Um Schülerinnen und Schülern mit Problemen beim Erwerb der Schriftsprache besser helfen zu können, muss man sich zunächst die Teilkompetenzen bewusst machen, die für Schreiben und Lesen bewältigt werden müssen (vgl. Möckel 1997). Das sind:

1. wissen, dass man „Sachen“ in Sprachzeichen umsetzen kann, um sie anderen mitteilen zu können
2. wissen, dass gesprochene und geschriebene Sätze aus mehreren einzelnen Wörtern zusammengesetzt sind
3. wissen, dass Wörter aus Buchstaben und Buchstabenkombinationen bestehen, die eine ganz bestimmte Form haben, die sich manchmal nur wenig von anderen Buchstaben unterscheidet
4. wissen, dass zu jedem Buchstaben und zu jeder Buchstabenkombination ein ganz bestimmter Laut gehört, der sich manchmal nur wenig von einem anderen Laut unterscheidet
5. wissen, dass die Laute der Buchstaben/Buchstabenkombinationen eines bestimmten Wortes immer in einer ganz bestimmten Reihenfolge geschrieben werden und dass sie beim Lesen von links nach rechts verbunden werden müssen
6. wissen, dass man die Bedeutung/den Sinn eines Wortes manchmal erst am Ende des Satzes und die Bedeutung/den Sinn eines Satzes erst am Ende eines Textes herausbekommt.

Damit ein Kind aus diesem Wissen die Handlungskompetenz des Schreibens und Lesens aufbauen kann, muss es über die Fähigkeit zur motorischen Koordination, zur sensorischen Integration, zur Sprache und Sprachverarbeitung, zur visuellen Differenzierung, zur sprachlichen Merkfähigkeit und zur Seh- und Hörfähigkeit verfügen. Schwierigkeiten beim Lesen und Schreiben treten dann auf, wenn ein Kind aus organischen und milieubedingten Gründen diese Teilkompetenzen nicht oder nicht zeitig genug erwirbt. Je früher Schule und Elternhaus das bemerken, umso besser.
Lehrerinnen/Lehrer sollten deshalb eine gewisse Sensibilität dafür entwickeln, wann gezielte Fördermaßnahmen beim Schreiben und Lesen angezeigt sind. Dazu zwei Hinweise:

1. Fehleranalyse bei ungeübten Diktaten (Sommer-Stumpenhorst 1993, 60 ff.)

Als Faustregel gilt:

- ▷ Am Ende der 1. Klasse sollten die Kinder die Lernwörter des Grundwortschatzes richtig schreiben können.
- ▷ In der Mitte der 3. Klasse sollten nur noch selten Fehler aufgrund unrichtiger sprachlicher Durchgliederung eines Wortes vorkommen.
- ▷ In der Mitte der 4. Klasse sollten möglichst nur noch Fehler bei Endungen (t/d, g/k usw.) und bei zusammengesetzten oder schwierigen Wörtern vorkommen.

Eine schülerbezogene individuelle Fehleranalyse deckt den spezifischen Förderbedarf auf, wenn die Entwicklung der Rechtschreibleistungen kontinuierlich erfasst und ausgewertet wird.

2. Feststellen von Entwicklungsbesonderheiten (vgl. Ehmann 1995, 59 ff.; Firnhaber 1997, 54 f.; Sommer-Stumpenhorst 1993, 66 ff. u. a.)

- ▷ *Beobachtungen zur Grapho- und Feinmotorik*
  - ▷ Wie hält das Kind den Stift?
  - ▷ Wie ist seine Schrift?
  - ▷ Wie lange braucht es, um das Federmäppchen zu öffnen?
  - ▷ Kann es Knöpfe schließen, Schleifen binden?
- ▷ *Beobachtungen zum Sprechen und Hören des Kindes*
  - ▷ Spricht es überhastet, undeutlich, verschluckt es die Endsilben? Stottert, poltert oder lispelt es?
  - ▷ Können schwierige Wörter wie „Dampfschiff“ nachgesprochen werden?
  - ▷ Können Melodien nachgesungen oder ein Rhythmus nachgeklopft werden?
  - ▷ Kann die Stimme des Lehrers vom Geräuschpegel der Klasse oder dem Verkehrslärm getrennt werden?
  - ▷ Können bestimmte Laute nicht verarbeitet und ausgesprochen werden (z. B. detommen statt bekommen)
  - ▷ Kann das Kind aus vorgesprochenen Wörtern die richtigen Laute heraushören, wenn man z. B. beim Vorsprechen die Hand vor den Mund hält? Fehler sind hier: Reken statt Regen oder Bargblaz statt Parkplatz; solche Fehler können auch durch Dialekte verursacht sein.
  - ▷ Kann das Kind mehrsilbige Wörter vollständig nachsprechen, die ihm unter Weglassen der Konsonanten vorgesprochen wurden (z. B. Au.o, Wa..er.ahn)?
  - ▷ Kann das Kind Wörter richtig sagen, die ihm buchstabenweise vorgesagt werden (z. B. T.i.sch)?
- ▷ *Beobachtungen zur Motorik, zum Gleichgewicht und zur Koordination*
  - ▷ Ist das Kind tollpatschig, hektisch, ungesteuert, fällt es oft hin?
  - ▷ Kann es den Hampelmann machen, schwimmen, balancieren (10 Sekunden lang), auf einem Bein stehen und hüpfen?
  - ▷ Wie ist seine Händigkeit?
  - ▷ Kann es Ballspiele (Hand-/Augenkoordination) und den Ball mit beiden Händen fangen?
  - ▷ Wie ist seine Körperhaltung: schlaff, verkrampft?

▷ *Beobachtungen zur visuellen Wahrnehmung*
  ▷ Mit welchem Auge schaut das Kind z. B. durch ein Fernglas?
  ▷ Hat das Kind eine auffällige Augenstellung?
  ▷ Nimmt das Kind die Buchstabenfolgen differenziert und in der richtigen Reihenfolge wahr (z. B. Fehler wie Sekimo statt Eskimo, ien statt ein, Verwechslung ähnlich aussehender Buchstaben wie O und Q, D und B; oder spiegelbildliches Schreiben von Buchstaben wie d statt b, g statt d)?

▷ *Allgemeine Beobachtungen beim Lesen*
  ▷ häufiges „Verlesen" oder „Stolpern" bei altersgemäßen, nicht geübten Texten
  ▷ ungewöhnlich langsames, Buchstabenlaut an Buchstabenlaut hängendes Lesen
  ▷ größere Probleme mit längeren Wörtern, mehrmalige Anleseversuche

▷ *Beobachtungen beim Schreiben*
  ▷ verkrampftes, langsames, unsicheres Schreiben
  ▷ unleserliche, „krakelige" Schrift
  ▷ häufige Störungen bzw. Unterbrechungen im Schreibfluss
  ▷ hohe Fehlerzahl mit Wortruinen und nichtidentifizierbaren Buchstabenkombinationen (z. B. Nirel statt Hose)

▷ *Beobachtungen zum Lernverhalten*
  ▷ Verweigerung oder Vermeidung von Lesen und Schreiben
  ▷ geringe Konzentration, Konzentrationsschwächen
  ▷ gesteigerte Unruhe
  ▷ wechselnde Stimmungslagen
  ▷ Schwierigkeiten, Wichtiges von Unwichtigem zu unterscheiden.

Kinder, bei denen die Lehrerin/der Lehrer Auffälligkeiten in mehreren Bereichen feststellt, bedürfen professioneller Hilfe, durch Förderunterricht in der Schule, durch besondere Mithilfe der Eltern und ggf. durch psychologische und therapeutische Unterstützung.

Der Förderunterricht in der Schule, der in Kleingruppen organisiert werden muss, umfasst eine Förderung der Grob-, Fein- und Graphomotorik, der visuellen und auditiven Wahrnehmung, der sprachlichen Fähigkeiten und der Merk- und Konzentrationsfähigkeit. Dazu gibt es spezielle Fördermaterialien (vgl. Wiater 1999). Für den alltäglichen Unterricht gibt es darüber hinaus einige Verhaltensregeln, die dem Lehrer/der Lehrerin helfen, mit den lese-rechtschreib-schwachen Kindern förderlich umzugehen (Firnhaber 1997, 156 ff.):

1. Die Kinder sollten möglichst vorne und am Außenrand an der Wand sitzen, damit der Geräuschpegel nicht so groß ist.
2. Die Kinder sollten möglichst nicht zum Schreiben an die Tafel müssen, damit Blamagen vor der Klasse vermieden werden.
3. Die Kinder sollten nur dann laut vorlesen, wenn sie es selbst möchten.
4. Bei Klassenarbeiten/Schulaufgaben die Fragen und Textaufgaben diesen Kindern leise noch einmal vorlesen, damit sie den Text wirklich verstehen. Die Textblätter sollten nicht handschriftlich oder in kleiner Druckschrift verfasst sein.
5. Die Kinder sollten, statt Aufsätze zu schreiben, ihren Text auf Kassette sprechen dürfen (ggf. im Klassenzimmer in einer Ecke aufnehmen). Es sollte

ihnen gestattet werden, ihre Hausaufsätze der Mutter oder einem älteren Geschwisterkind zu diktieren, was für den Lehrer kenntlich gemacht werden müsste.
6. Für die Hausaufgaben sollten die Kinder einen Computer verwenden dürfen.
7. Für das Erlesen von Texten sollte man immer einen Lesepfeil oder ein Lineal zulassen.
8. Dem betroffenen Kind sollte man mehr Zeit für die Erledigung von Aufgaben (auch Prüfungsarbeiten) lassen, da sein Aufwand für das Lesen und Schreiben größer ist.
9. Man sollte sie möglichst keine ganzen Diktate schreiben lassen, ihnen den Diktattext kopieren und nur für die Lernwörter Lücken lassen.
10. Man sollte die Kinder dazu ermutigen, sich selbst Eselsbrücken, Lernhilfen und Lernstrategien zu überlegen.

3. SchülerInnen mit Förderbedarf beim Rechnen

Auch bei Kindern mit einer Rechenschwäche kommen als Ursachen unzureichende didaktische Vermittlung, Beeinträchtigungen durch das Milieu und die Psyche der Kinder oder eine Teilleistungsschwäche des Gehirns bei ansonsten zumindest mittlerer Lernleistungsfähigkeit infrage. Um sich Klarheit darüber zu verschaffen, worauf die Rechenprobleme eines Kindes zurückzuführen sind, sollte der Lehrer/die Lehrerin systemisch vorgehen und das häusliche Umfeld des Kindes ebenso einbeziehen wie die eigene Unterrichtsgestaltung und Reaktionsweisen auf das Kind in der Schule (seine eigenen oder die der Mitschüler). Hinzu kommen muss dann die informelle Diagnostik, die auf folgende Ursachenbereiche eingeht:

▷ *Hat das Kind visuelle Probleme?*
  ▷ Verwechseln von ähnlichen Zahlen (12 statt 20) und von Rechenzeichen (+ statt –)
  ▷ Auslassen von Zahlen (z. B. bei der Zahlenfolge)
  ▷ Verdrehen von Zahlen (z. B. 92 statt 29)
  ▷ Nichterkennen geometrisch ähnlicher Formen (Raute – Parallelogramm)

▷ *Hat das Kind akustische Verständnisprobleme?*
  ▷ Probleme beim Zuordnen einer gehörten Zahl zum passenden Zahlenzeichen (drei statt dreißig)
  ▷ Probleme bei der gleichzeitigen Klassifikation nach mehreren Merkmalen (rote, große und runde Plättchen sortieren)

▷ *Hat das Kind Probleme mit der Reihung?*
  ▷ Verdrehen der Zahlen (98 statt 89)
  ▷ Nichteinhaltung der Reihenfolge von Teilschritten (z. B. $6+8$, $\rightarrow 6+4+4$, $\rightarrow 6+4+10$, $10+4=14$)
  ▷ Fehler beim Einprägen des Einmaleins
  ▷ fehlerhafte Bestimmung von Zahlenfolgen

▷ *Hat das Kind Probleme mit der Mengenrepräsentanz?*
  ▷ Schwierigkeiten, mehr als drei oder fünf ungeordnet liegende Gegenstände, ohne zu zählen, zu erfassen

▷ Schwierigkeiten, wenn es darum geht, reale Größenverhältnisse aus Addition, Subtraktion, Multiplikation, Division vorstellungsmäßig nicht zu verwechseln
▷ Unsicherheit, womit bei einem Rechenvorgang zu beginnen ist
▷ Unklarheit, was die Hälfte, das Doppelte, ein Drittel ist.

Diese informelle Diagnostik des Leistungsstandes ist durch formelle Testverfahren zu ergänzen, für die in der Regel schulpsychologische Dienste oder außerschulische Experten zu Rate zu ziehen sind. Diese erfassen dann mithilfe spezifischer Tests die zur Lösung mathematischer Aufgaben in den einzelnen Jahrgangsstufen erforderlichen Kompetenzen. Einzubeziehen ist in jedem Falle ein Elternfragebogen; ohne die Eltern ist kein Förderplan für die betroffenen Kinder zu erstellen und durchzuführen. Auf der Basis der Tests zur Leistungsfeststellung und zu den Grundfunktionen Graphomotorik, Wahrnehmung, Gedächtnis, Konzentration, Emotion/Motivation einschließlich einer genauen Fehleranalyse können dann spezifische individuelle Förderziele für die einzelnen Schülerinnen/Schüler aufgestellt werden. Ein solcher Förderplan könnte folgendermaßen aussehen (Wiater 1998 b):

Förderziele für Karl-Heinz

Zeitraum von November bis Mai

Förderziele	*Methoden, Medien*
1. Arbeit an basalen Bereichen	
visuelle Wahrnehmung	Spiele wie „Schau genau" oder „Differix"
Festigung der Links-rechts-Orientierung	Auffädeln von Perlen von links nach rechts
Übungen zur Raumlage und zur Raumorientierung	Such- und Laufübungen im Klassenzimmer, Schulhof und Schulhaus
Serealität	Legen von Plättchen nach vorgeschriebener Reihenfolge Auffädeln von Perlen nach Vorlage
2. Arbeit an mathematischen Bereichen	
Klassifikation	Arbeit mit strukturiertem Material
Festigung des Zahlenaufbaus in Zehner und Einer	Erstellen von Zehnerstangen mit Steckwürfeln, Perlen etc.
Zeitbegriffe	Legen von Bildergeschichten mit zeitlicher Abfolge
Herauslösen von Operationen aus Rechengeschichten	szenische Darstellung bzw. Nachspielen von Alltagssituationen zum Ein- und Verkaufen
Sereation	Legen von Mustern mit strukturiertem Material, Chips oder Perlen

Förderziele	*Methoden, Medien*
3. Arbeit am Lernumfeld	
Gespräche mit der Mutter hinsichtlich der Förderung	Aufklärung der Mutter über Förderbedarf,
Gespräche mit der Hortbetreuerin	über Ziele des Förderunterrichts Gespräche über Förderziele, unterstützende Maßnahmen des Hortes herausarbeiten
Gespräche im Klassenverband	– Morgenkreis – wöchentl. Gesprächskreis mit dem Ziel, das Selbstwertgefühl aufzubauen: „Mir gefällt an dir ...", „Ich habe mich wohlgefühlt, als ..."
Stärkung des Selbstwertgefühls	Schaffen von Erfolgserlebnissen im Förderunterricht und während des Klassenunterrichts

Zu klären sind dazu die organisatorischen Regelungen, ob nämlich Förderung durch Binnendifferenzierung im Klassenunterricht, durch besondere Förderstunden oder durch spezielle Maßnahmen therapeutischer Art durchgeführt werden sollte.

4. Schüler mit Förderbedarf in besonders ausgeprägten Fähigkeitsbereichen

Vergleichbar den Schülerinnen/Schülern, deren Kompetenzen in einzelnen schulischen Leistungsbereichen hinter denen altersgleicher Mitschüler zurückbleiben, bedürfen auch diejenigen besonderer Förderung, bei denen sich außergewöhnliche, meist bereichsspezifische Fähigkeitspotentiale zeigen. Die Diagnose solch spezifischer Leistungsexzellenz ist nicht einfach. Sie beginnt damit, dass Lehrern das Erkenntnisstreben, die intrinsische Lern- und Leistungsmotivation, die große Selbstständigkeit und Kreativität im Zusammenhang mit Problemlösungen sowie das hohe Lerntempo und ausgezeichnete Lerngedächtnis bei solchen Schülern auffallen. Dabei beziehen sich diese Beobachtungen in der Regel auf bereichsspezifische „Talente" (z. B. Mathematik, Sprache, Naturwissenschaft, Musik, Kunst, Sport usw.), nicht auf ein „allgemeines Leistungshoch". Nimmt man außerschulische Leistungen, die von den einzelnen Schülern in denselben Bereichen selbst initiiert erbracht werden, hinzu, vergrößert sich die Wahrscheinlichkeit einer Hochbegabung. Diese festzustellen ist aber Schulberatern und Psychologen vorbehalten, die auf der theoretischen Basis mehrdimensionaler Hochbegabungsmodelle (vgl. Hel-

ler/Perleth 1998) Fähigkeitsprofildiagnosen erstellen. Zu beachten ist, dass es auch „underachiever" gibt, also Schüler mit außergewöhnlichen intellektuellen, kreativen Fähigkeitspotentialen, die aufgrund fehlender Herausforderung und Motivation in der Schule weit unter ihrem Anspruchsniveau bleiben; auch sie müssten erkannt und mit einem Begabungstest herausgelesen werden.
Die Förderung von hochbegabten Schülerinnen/Schülern kann durch äußere und innere Differenzierung geschehen. Zu fördern ist:

- ▷ die Erweiterung der Wissensbereiche, in denen sich Leistungsexzellenz zeigt
- ▷ der Aufbau von Denkfertigkeiten (bereichsübergreifende formale Denkprozesse und Problemlösungsstrategien)
- ▷ die Ermöglichung kreativer Leistungsergebnisse.

Dazu bedarf es offener, stimulierender Lernumwelten für diese Kinder und Jugendlichen, damit sie sich entdeckend und selbstständig nutzbares Wissen aneignen können. In der Schule bieten sich dazu zwei Möglichkeiten an: Enrichment-Maßnahmen und Akzelerationsmaßnahmen. Bei den Enrichment--Maßnahmen können die individuellen Interessen durch freiwillige Schülerarbeitsgemeinschaften, Schülerwettbewerbe, Plus-Kurse, Förder-AGs, Schülerakademien in den Ferien usw. gefördert werden. Diese Maßnahmen belassen die Schüler in ihren Regelklassen, was den Wünschen vieler hochbegabter Schülerinnen/Schüler entspricht, die in ihrer Klassengemeinschaft integriert bleiben wollen und bei denen das soziale Anschlussmotiv oft höher ausgeprägt ist als das Hochleistungsmotiv. Dazu passt, dass sie auch Mentorfunktionen bei langsamer lernenden Klassenkameraden übernehmen sollen. Dagegen setzen Akzelerationsmaßnahmen auf eine flexible Unterrichtsorganisation. Sie orientieren sich am Lerntempo der betroffenen Schüler. Durch Komprimierung der Lernstoffe und eingesparte Übungszeit soll hier deren besondere Leistungsfähigkeit noch gesteigert werden. Das kann durch Bildung von zeitweiligen homogenen, jahrgangsübergreifenden Lerngruppen aus gleichbegabten „Peers" geschehen, ohne dass die Zugehörigkeit zum Klassenverband verloren geht. Es kann aber auch durch Spezialklassen, Spezialschulen und „Sonderzüge" an den bestehenden Schulformen (z. B. in 12 oder weniger Jahren zum Abitur) erreicht werden. Dazu zählt ferner eine flexible Einschulungspraxis und die Möglichkeit, einen Jahrgang zu „überspringen", bereits in der Grundschule.

3. SchülerInnen lernen individuell

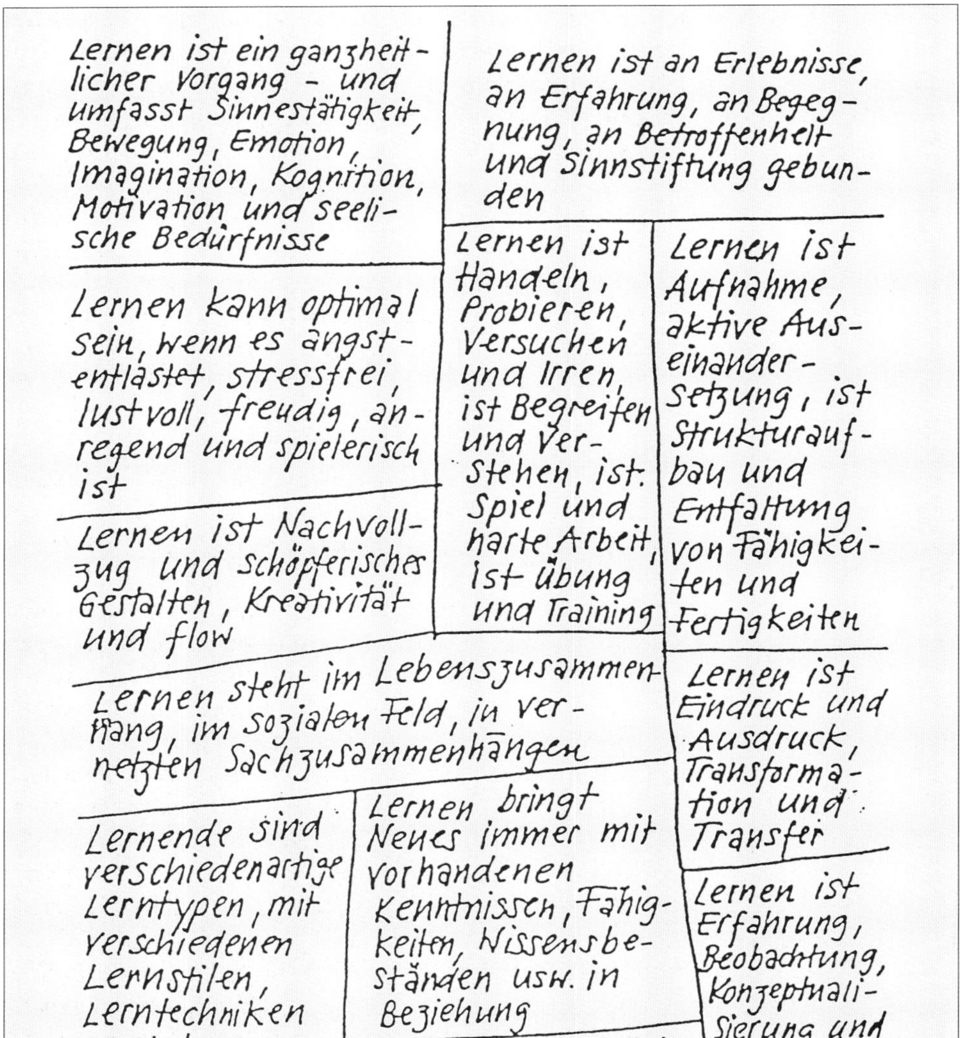

(aus: Gassner 1993, zit. nach Schratz/Steiner-Löffler 1998, 4)

Lernen ist beim Menschen eine höchst individuelle und lebenslange Sache. Denn alles, was der Mensch nicht von Natur aus kann oder durch Reife- und Entwicklungsprozesse gewissermaßen von allein an Fähigkeiten, Fertigkeiten und Verhaltensweisen erhält, muss er lernen. Vom ersten Tag seines Lebens an lernt er aus

Interaktionen mit seiner Umwelt, und zwar nicht nur Kenntnisse und Fertigkeiten, sondern auch Emotionen und Motivationen, Einstellungen, Überzeugungen und Haltungen, Verhaltensnormen und Wertorientierungen. Je nachdem in welcher Umwelt er als Kind aufwächst und als Jugendlicher oder Erwachsener lebt, lernt er dort auch unterschiedliche Wahrnehmungs-, Kommunikations- und Verhaltensmuster kennen, die in ihm unterschiedliche Spuren hinterlassen und Erfahrungen verursachen. Nachgewiesenermaßen sind in den ersten Lebenswochen und -monaten die Prägungen durch die Umwelt besonders intensiv (vgl. Weber 1996, 32 ff.). Da in dieser Zeit (und nur in dieser!) das Gehirn des Menschen noch wächst – bei der Geburt wiegt es ca. 400 g, nach 11 Monaten ca. 850 g und ausgereift 1450 g – werden durch sie sogar alle späteren Lernprozesse beeinflusst. Zusätzlich zu den vorgeburtlich-genetisch bedingten Verknüpfungen im Gehirn kommt es nämlich aufgrund der ersten Sinnes- und Körpereindrücke, der Wahrnehmungen durch das Auge, die Nase, den Geschmack, das Hören und Fühlen, zu neuen festen Verknüpfungen zwischen den Gehirnzellen. Die bilden dann so etwas wie ein Netz, in das spätere Informationen eingefügt und verankert werden. Das so entstandene „Netz“ kann man als entscheidendes Grundmuster für die Informationsaufnahme und -verarbeitung ansehen (vgl. Vester 1998), das später allerdings noch durch intensive neue Lernerfahrungen verändert werden kann (vgl. Black 1993).

Auch in den folgenden Jahren bleiben die Wahrnehmungs-, Kommunikations- und Verhaltensmuster der kindlichen Lebensumwelt weiterhin höchst bedeutsam. Denn das Kind lernt in dieser Zeit vor allem auf konditionierte Weise, d. h. durch Reiz und Reaktion, durch Versuch und Irrtum, Verstärkung und Gewöhnung sowie durch Imitation. Problemlösendes Denken, Einsicht in Zusammenhänge und Kritikfähigkeit gelingen erst mit fortschreitend differenzierter Denkfähigkeit, wenngleich auch im Jugendalter die vorgenannten Lernweisen des konditionierten und nachahmenden Lernens grundlegende Bedeutung behalten. Dabei läuft die Entwicklung des Kindes zum Jugendlichen und Erwachsenen nicht nach einem „inneren Bauplan“, nicht automatisch ab. Zwar gibt es in der Lebensentwicklung so genannte „sensible Perioden“, optimale Bildungsphasen, „in denen sie (= die Kinder) während bestimmter, längerer Zeiten auf gewisse Aspekte der Umwelt sehr empfindsam reagieren und besonders bereitwillig auf gewisse Lernsituationen eingehen“ (Weber a. a. O., 36). Aber insgesamt betrachtet erweist sich die Entwicklung des Menschen als „Lernen“, als subjektive Konstruktion (und Rekonstruktion) jedes einzelnen Kindes/Jugendlichen aufgrund von Erfahrungen, die durch Interaktionen mit seiner Umwelt zustande kommen.

3.1 Lernen ist Gehirnsache

Damit Lernen erfolgreich sein kann, muss es der Funktionsstruktur des Gehirns entsprechend, „gehirnkonform“, vor sich gehen. Deshalb sind Grundkenntnisse über neurobiologische und hirnphysiologische Forschungen hilfreich, wenn man verstehen will, was sich im Gehirn beim Lernen tut (vgl. Vester 1998; Black 1993; Edelmann 1993; Lurija 1993; Roth 1994; Thompson 1994; Hüholdt 1995).

Das Gehirn macht, was es will

Unter hirnphysiologisch-lernbiologischen Gesichtspunkten ist das Lernen ein Prozess der Selbstverstärkung des Organismus, der offen, dynamisch und unabschließbar ist, der durch äußere Impulse angestoßen und durch persönliche Zuwendung unterstützt werden kann und auf Einsichten und Aha-Erlebnisse ausgerichtet ist.

Im *Großhirn* mit seinen wohl 100 Milliarden Nervenzellen (Neuronen) vollzieht sich in der zentimeterdicken Außenschicht der Hirnrinde das bewusste Erleben, der große Teil des Behaltens, die Auswertung der Informationen von den Sinnesorganen (in sensorischen Feldern) und die der Berührungsreize der Muskulatur (in motorischen Feldern). Das Großhirn teilt sich in zwei Hemisphären mit unterschiedlichen Aufgabenbereichen und Arbeitsweisen, die allerdings durch den Nervenstrang des Corpus callosum (Balken) miteinander verbunden sind. Deshalb sind normalerweise beide Hirnhälften bei der Informationsaufnahme und -verarbeitung beteiligt.

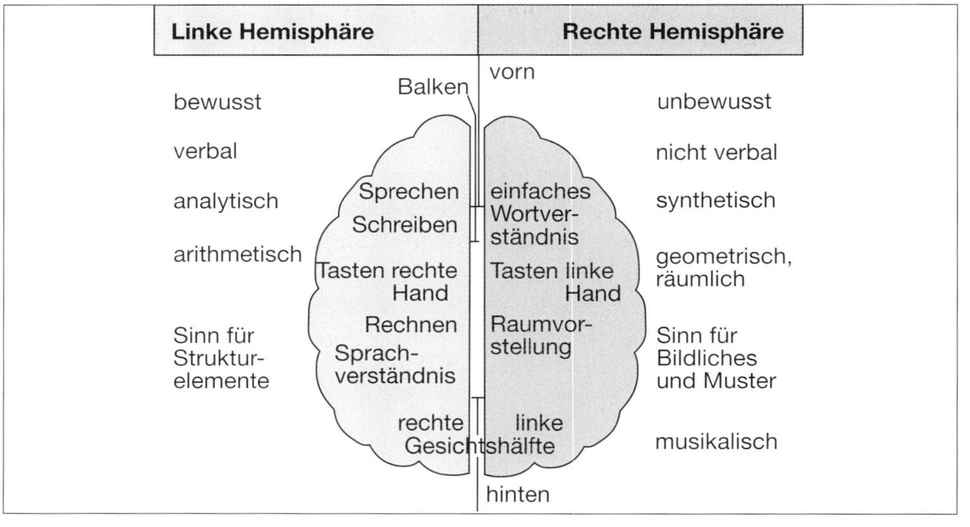

Die Hemisphären des Großhirns

Bei den meisten Menschen liegt eine Dominanz der linken Hirnhälfte vor – bei Männern häufiger als bei Frauen; Frauen haben einen breiteren Balken als Männer, was das Zusammenwirken beider Hemisphären verstärkt. Hinsichtlich der Gesamtintelligenz sind keine Unterschiede zwischen Frauen und Männern nachweisbar.

Zusatzinformationen zu den Daten bestimmter Sinneszellen (wie z. B. bei Wassermangel im Körper das Gefühl „Durst“) werden vom Zwischenhirn, einer Schaltstelle zwischen Zentralnervensystem und vegetativem Nervensystem, bewertet und als Gefühle (Freude, Angst, Ärger) empfunden. Emotionen entstehen nichtbewusst und sind deshalb auch wenig beeinflussbar. An der Grenze zwischen Großhirn und Zwischenhirn liegt das limbische System, in dem aufgrund bestimmter Nervenreize ebenfalls Gefühle entstehen. Das limbische System umfasst funktionell den Hypothalamus, Hippocampus und Mandelkernkomplex und stellt dadurch einen Zusam-

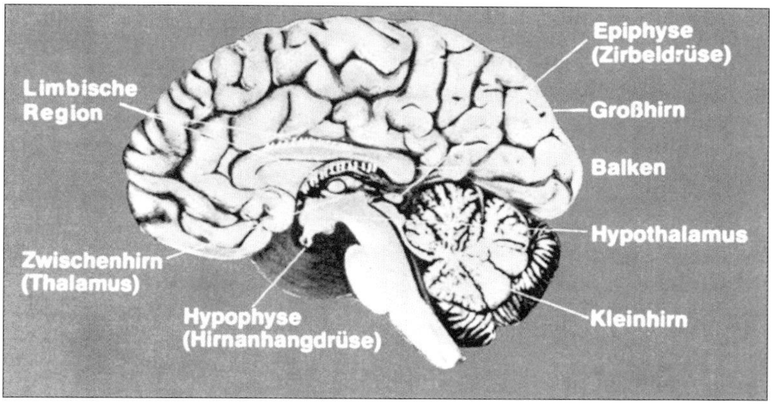

Längsschnitt durch das menschliche Gehirn (nach: Vester 1998, 18)

menhang zwischen seelisch-affektiven Zuständen (Gefühlen) und dem Hormondrüsensystem her, durch das wiederum körperliche Reaktionen ausgelöst werden können. Die hormonellen Vorgänge wirken sich auf den Denkprozess aus, können also das Denken fördern (vgl. „er sprüht vor Ideen“) oder blockieren (vgl. „er hatte ein Blackout“), Sinnesstörungen hervorrufen oder Gedächtnislücken verursachen. Im Großhirn nehmen sensorische Zellen die Informationen der Sinne (Sehen, Hören, Schmecken, Riechen) auf, und motorische Zellen sind für die Körperinformationen und -bewegungen zuständig. Die überwiegende Menge der Zellen, nämlich 99,98%, bilden aber als ein Zwischengeflecht den eigentlichen Denkapparat. Für das Denken, ein elektrophysikalisch-biochemischer Vorgang, sind Art und Zahl von Verbindungen zwischen den Nervenzellen entscheidend. Jedes Neuron kann bis zu 80 000 und mehr Querverbindungen zu anderen Neuronen haben; je mehr es sind und je mehr davon durch geistige Aktivitäten hergestellt werden, desto besser funktioniert das Lernen, desto „intelligenter“ ist das „Verhalten“. Hergestellt werden die Verbindungen durch so genannte Synapsen, das sind Schaltersysteme für die Informationsübertragung. Gedanken bilden sich, wenn zwischen den Nervenzellen mittels der Synapsen eine Überbrückung hergestellt wird. Für diese Überbrückung sind in den Synapsen Transmitterbläschen zuständig, die platzen und dabei die in ihnen enthaltene Transmitterflüssigkeit aussenden, wenn sie dazu „gereizt“ werden.

Die Lerntypen

Im Prinzip sind solche Synapsenschaltungen flüchtig und labil. Das gilt jedoch nicht für die Verknüpfungen, die in den ersten drei Lebensmonaten im Zusammenspiel zwischen genetisch bedingtem Bauplan und frühen Umwelterfahrungen entstanden sind. Sie legen für den Menschen – wie erwähnt – so etwas wie ein Grundmuster der Informationsaufnahme und -verarbeitung fest. Vester spricht in diesem Zusammenhang von „Lerntypen“. Er unterscheidet grob schematisch Menschen, die neue Informationen am leichtesten durch Zuhören und im Gespräch rezipieren („auditiver Lerntyp“) von solchen, die dazu etwas sehen und beobachten müssen („visueller Lerntyp“); andere wiederum lernen am besten durch Anfassen, Handhaben und Experimentieren („haptischer Lerntyp“), wieder andere mit Hilfe von abstrakten

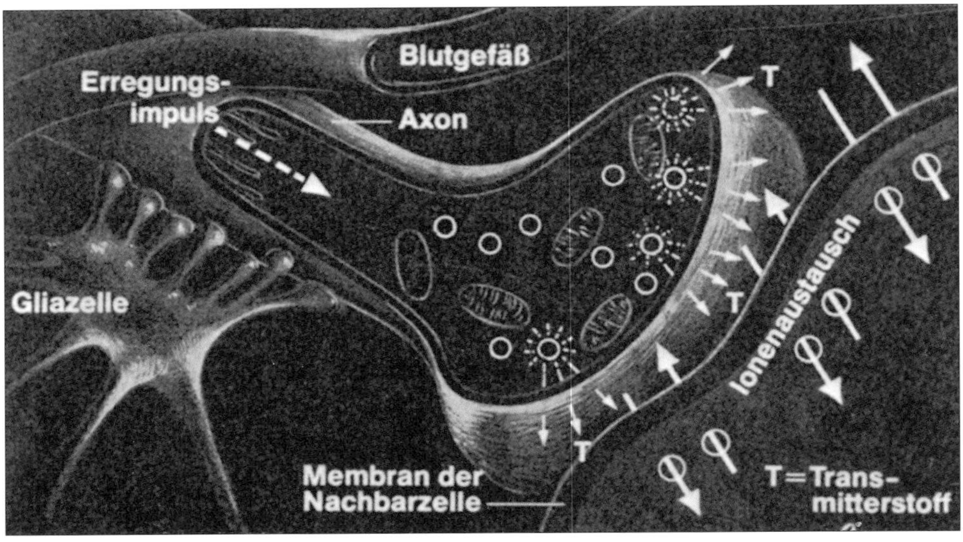

Wie Synapsen funktionieren: Eine über das Axon ankommende Erregung lässt die synaptischen Bläschen zur Membran wandern und bringt sie zum Platzen. Der in den Spalt zwischen Synapse und Nachbarzelle ausgeschüttete Transmitterstoff (T) macht die Membran der Nachbarzelle für bestimmte Ionen (zum Beispiel Kalium, Natrium und Chlor) durchlässiger. Dadurch werden Ionenverschiebungen und somit auch elektrische Impulse in der Nachbarzelle ausgelöst. „Fördernde" Transmitterstoffe (wie Acetylcholin) bewirken beispielsweise Natrium-Einstrom und Kalium-Ausstrom, „hemmende" Transmitterstoffe (zum Beispiel Noradrenalin) dagegen die umgekehrte Ionenwanderung (nach: Vester 1998, 29)

Formeln, schematischen Darstellungen und inhaltlich konzentrierten Informationskürzeln („intellektueller Lerntyp"). Entscheidend ist, dass diese Lerntypen kaum in Reinform anzutreffen sind, wohl aber viele Mischformen, aufgaben- und gefühlsabhängige, individuelle „kognitive maps" (vgl. Edelmann 1993). Spätere Erfahrungen führen auch noch zu dauerhaften, neuen „Mustern", wenn sie eingeprägt, geübt und mehrfach wiederholt wurden. Erfolgt nämlich dieselbe Synapsenreizung kontinuierlich und häufig, dann bilden sich im Spalt zwischen den Synapsen „Molekülfilze" (Ganglioside, Moleküle aus Lipiden und Kohlenhydraten), die den „Durchfluss der Gedanken" leichter und schneller machen. Einziges Hindernis können Emotionen und Hormone sein, die blockieren und verhindern, dass die Transmitterflüssigkeit in den Spalt zwischen den Synapsen schießt.
Zwischen Kognition und Emotion besteht nämlich eine enge Verbindung. Denn jede Information und Wahrnehmung wird vom Menschen sofort gefühlsmäßig bewertet: brauchbar – unbrauchbar, sinnvoll – sinnlos, interessant – langweilig, vertraut – fremd/verunsichernd, motivierend – frustrierend/beängstigend. Das limbische System ist dafür verantwortlich und entscheidet, was tatsächlich mit Aufmerksamkeit bearbeitet wird und ob es zu Ablehnung, Angst und Denkblockaden kommt (vgl. Roth 1994). Wichtig ist in diesem Zusammenhang auch, dass das Gehirn neue Informationen grundsätzlich mehrfach repräsentiert, da das sensorische System mehrere Areale hat. Multisensorische Informationsaufnahme ermöglicht demzufolge deren vielfältige Verarbeitung, Speicherung und Abrufbarkeit.

Das Gedächtnis

Bei der Aufnahme neuer Informationen wird das Neue an Strukturen, die im Gehirn bereits vorhanden sind, angepasst (assimiliert). Kognition ist daher auch nicht ohne Gedächtnis möglich; das Gedächtnis ist gewissermaßen das „Bindesystem“ für die Wahrnehmung. Mit seiner Hilfe wird das Neue mehrfach und auf verschiedenen Ebenen strukturiert, bis es als „Kürzel“ abgespeichert wird. Infolgedessen lässt sich ein ziemlich genauer Zeittakt angeben, der den Weg von der Wahrnehmung bis zur dauerhaften Speicherung einer Information betrifft – es sei denn, eine Information ist so beeindruckend, dass sie sofort behalten wird (vgl. z. B. ein Unfallereignis, ein besonders gelungener Witz o. Ä.). Der Weg umfasst folgende Stadien:

▷ Informationen werden durch die Sinnesorgane aufgenommen und kreisen für ca. 20 Sekunden als elektrische Impulse ohne feste Speicherung; besteht an ihnen kein Interesse, werden sie nicht verstanden und fehlt es an Assoziationsmöglichkeiten im Gehirn, oder werden sie durch andere gleichzeitige (positive oder negative) Wahrnehmungen gestört, gehen sie wieder verloren (= *Ultrakurzzeitgedächtnis*).

▷ Kommt es zu Anknüpfungen an bereits bestehende Strukturen im Gehirn und ist die Wahrnehmung emotional akzeptiert, speichert das Gehirn die Information für ca. 30 Minuten (möglicherweise auch ein bis zwei Stunden) im so genannten *Kurzzeitgedächtnis*, eine erste physikalisch-chemische Sicherung.

▷ In das *Langzeitgedächtnis* gelangen Informationen nur insofern, als sie geübt und wiederholt werden. Um Informationen beliebig lange im Kurzzeitgedächtnis zu halten und ins Langzeitgedächtnis überführen zu können, muss man Strategien des Einprägens und systematisch angelegte Wiederholungen (am Anfang häufig, später in größer werdenden Intervallen) durchführen. Dabei ist zu beachten, dass die Behaltensquote der Informationen – außer von der Aufmerksamkeit und dem Grundmuster des Lernenden – von zwei weiteren Faktoren abhängt: erstens von der Art, wie die Information vermittelt wird, und zweitens von der Art der Information selbst.

Bei der Langzeitspeicherung kommt es zu Gedächtnisspuren (Engrammen) im zentralen Nervensystem. Wichtigstes Problem ist dabei, das Behalten abzusichern und Hemmnisse oder nachträgliche Veränderungen der schon gespeicherten Informationen möglichst zu verhindern. Letztere können durch physiologische Rückbildung der Neuronensubstanz oder durch Interferenz (produktive/retroaktive Hemmungen) entstehen.

Zum Vergessen im eigentlichen Sinne kommt es im Kurzzeitspeicher, bei untauglichen Versuchen, sich Informationen einzuprägen, und bei ausbleibender Wiederholung. Das belegen Vergessenskurven. In den ersten Stunden nach der Einprägung erfolgt der größte Gedächtnisverlust. Unstrukturiertes, unverstandenes und sinnloses Lernmaterial wird schneller vergessen als sinnhaltiges, selbst erarbeitetes und audiovisuell aufgenommenes Lernmaterial behält man entschieden besser als nur gelesenes und nur gehörtes. Im Durchschnitt hat man 70–80% des neu Gelernten nach ca. 5 Tagen vergessen, wenn es nicht in der Zwischenzeit wiederholt oder verwendet worden ist. Die folgende Übersicht verdeutlicht den Zusammenhang:

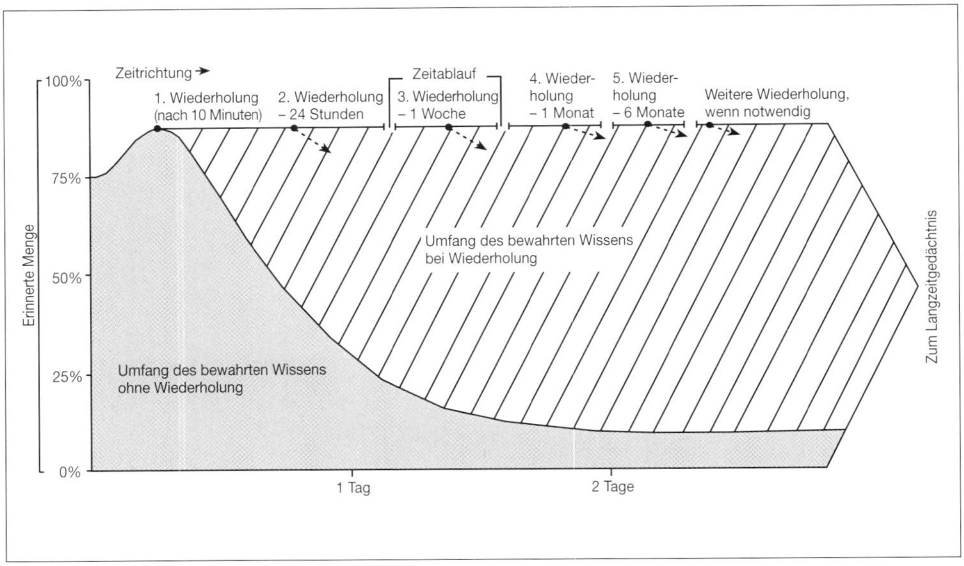

Das Diagramm zeigt, wie zeitlich richtig geplantes Wiederholen die Erinnerung konstant auf einem hohen Niveau hält (aus: Buzan 1986, 69).

Bei der Aufnahme und Speicherung von Informationen werden nach neuesten Forschungen vor allem vier *Gedächtnisarten* unterschieden (Markowitsch 1997):

- ▷ das episodische Gedächtnis für autobiografische und singuläre Ereignisse im Lebenslauf
- ▷ das semantische Gedächtnis, in dem Fakten, Welterkenntnisse, Schulwissen, grammatische Regeln, Wissen um Zusammenhänge usw. gespeichert werden
- ▷ das prozedurale Gedächtnis für erlernte Bewegungsabläufe, mechanische und motorische Fertigkeiten, Handlungsstrategien und Übungen
- ▷ das Priming („Prägung"), durch das ähnlich erlebte Situationen und früher wahrgenommene Sinneseindrücke (wieder) erkannt und erinnert werden
- ▷ schließlich das autonome Gedächtnis, das bewirkt, dass man starke emotionale Erlebnisse (Schockerlebnisse) sehr fest behält und dass unwillkürliche, kaum kontrollierbare Körperreaktionen hervorgerufen werden.

Diese „Gedächtnisse" sind im Gehirn unterschiedlich lokalisiert, arbeiten aber in komplexverknüpfender Weise zusammen. Die beiden erstgenannten Gedächtnisarten, die mit Sprache und Kognition zusammenhängen, kooperieren allerdings enger, wobei das episodische Gedächtnis dem Faktengedächtnis übergeordnet ist. Die persönliche Bedeutsamkeit und die erfahrene Bedeutung einer Information sind also besonders behaltenswirksam. Beide haben auch das limbische System als Informationsfilter vorgeschaltet, der alle Wahrnehmungen emotional einfärbt. Emotional belegte Informationen werden deshalb vom Gehirn nachhaltiger bearbeitet als neutrale, persönlich unbedeutende. Letztere bedürfen deshalb zusätzlicher Unterstützung durch das prozedurale Gedächtnis (vgl. wiederholte Übungen).

Für die erfolgreiche Gedächtnisabsicherung von Informationen ist ferner mitentscheidend, auf welche Weise das Neue aufgenommen wurde.

Untersuchungen zufolge behält man:

von dem, was man nur durchliest etwa	10%
von dem, was man hört	20%
von dem, was man sieht	30%
von dem, was man sieht und hört	50%
von dem, was man selbst vorträgt	70%
von dem, was man selbst ausführt	90%

Zu bedenken ist auch, dass der Mensch in der Regel seine Sinne zur Informationsaufnahme ungleich nutzt. So nimmt er an Informationen auf:

mit dem Geruchssinn	3%
mit dem Geschmackssinn	3%
mit dem Tastsinn	6%
mit dem Gehör	13%
mit den Augen	75%

Eine klare Strukturierung des Lernstoffs, Übungen und Wiederholungen, Anwendungen und Transfers, aber auch hohe Lernmotivation und Neugier machen das Erlernte gegen das Vergessen resistent –, auch unabhängig von der Form der Informationsaneignung.

Kreativität und Konzentration

Beim Lernen kommt alles darauf an, die Zahl der Synapsen im Gehirn zu vermehren, die Vernetzung im Gehirn zu vergrößern. Das erlaubt dem Menschen, mehr (neue) Daten zueinander in Beziehung zu setzen, Ähnlichkeiten festzustellen, Verwandtes zu assoziieren, Parallelen zwischen Informationen herzustellen usw. Es hat sich wissenschaftlich erwiesen, dass dabei latente Denkstrukturen aufgebaut werden, die durch Denken und geistige Betätigung stimuliert und evoziert werden. Gedanken „kommen“ einem, Ideen „entstehen“, Aha-Erlebnisse „stellen sich ein“, sie sind nicht hergestellt, nicht einfach abrufbar, sondern erklären sich „selbsttätig“ aus der im permanenten Werden befindlichen Denkstruktur desjenigen, der denkt und neue Informationen aufnimmt. Denn das Gehirn ist – wie erwähnt – ein dynamischer, sich selbst verstärkender Organismus. Kreative Gedankenverbindungen setzen infolgedessen viele gespeicherte Informationen voraus, Denken potenziert sich durch die Vielzahl neuer Assoziationen. Man kann also durch vorhandene Gedanken neue Gedanken erzeugen; nichts anderes ist die Kreativität.
Weiter ist zu beachten, dass das Gehirn bei seiner Arbeit viel Sauerstoff benötigt. So braucht das Großhirn, das nur 2% des Körpergewichts ausmacht, mehr als 20% des eingeatmeten Sauerstoffs. Und je intensiver gelernt wird, desto höher ist auch der Verbrauch von Sauerstoff und Glukosezucker. Fehlt es daran, sinkt die Konzentration, und Pausen oder Bewegungsaktivitäten werden nötig. Die Ermüdung kommt von physikalisch-chemischen Störungen in den Zellen der Großhirnrinde, die die

Hirntätigkeit hemmen und sich auf das gesamte Nervensystem ausweiten. Nach Galperin (1967) beträgt die Konzentration auf ein und denselben Themenbereich/Aspekt bei:

5–7-Jährigen	etwa	15 Minuten
7–10-Jährigen	etwa	20 Minuten
11–12-Jährigen	etwa	25 Minuten
12–15-Jährigen	etwa	30 Minuten

Konzentrationsfördernd wirken Lern- und Erholungspausen, ein Wechsel des Lernstoffs/Aspekts oder ein Methodenwechsel. Denn Monotonie verringert die Aktivierung der Großhirnrinde durch die ungenügend gereizte formatio reticularis im Hirnstamm und Rückenmark. Überreizung führt allerdings zum selben Effekt.

Da das Gehirn unmittelbar mit Stoffwechselaktivitäten verbunden ist, schwankt seine Leistungsfähigkeit tageszeitlich. Sie ist von der Tagesleistungskurve, dem Tagesrhythmus jedes Einzelnen abhängig. Gewöhnlich hat die Tagesleistungkurve zwei Leistungshochs, deren erstes in der Zeit zwischen 6 und 11 Uhr und deren zweites von 16 bis etwa 20 Uhr erreicht werden; entsprechend gibt es zwei Leistungstiefs gegen 14–16 Uhr und in der Nacht zwischen 2 und 4 Uhr. Das zeigt die folgende Grafik:

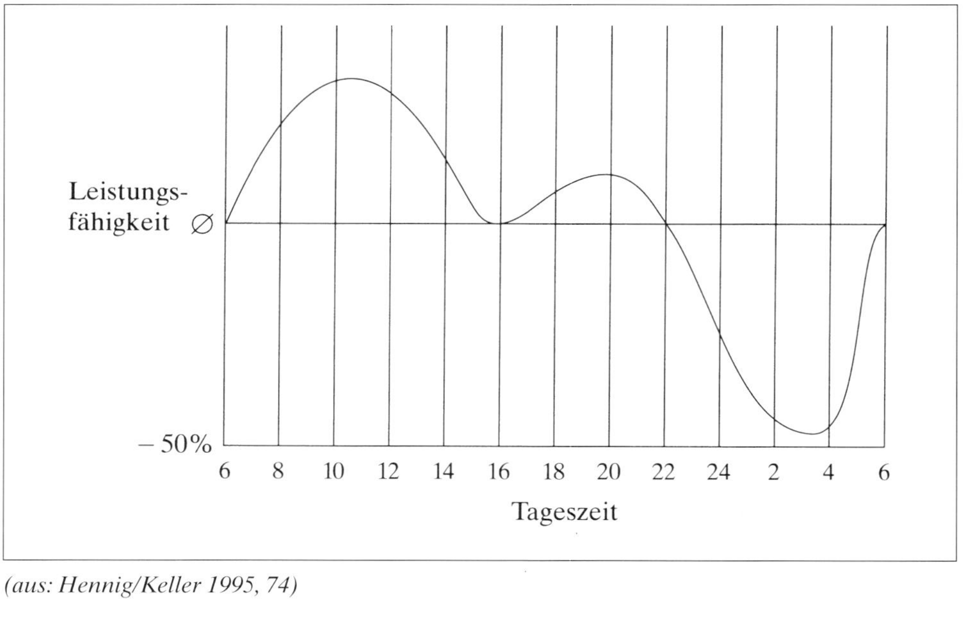

(aus: Hennig/Keller 1995, 74)

3.2 Was sagt die Theorie dazu?

Für den zugrunde gelegten weit gefassten Lernbegriff erweisen sich zwei Theoriekonzepte als bedeutsam, die die heutige schulpädagogische Diskussion maßgeblich prägen: der Konstruktivismus und die Ganzheitstheorie. Lernen als individuelle

Konstruktion der Wirklichkeit im Menschen und Lernen als ganzheitlicher Akt der Person sind Schlüsselkonzeptionen zum besseren Verstehen und didaktischen Organisieren der Lernverhaltensweisen von Schülerinnen und Schülern.

Der erkenntnistheoretische Konstruktivismus

Der Konstruktivismus ist – wie die Systemtheorie – seit einigen Jahren eine der meistthematisierten wissenschaftlichen Positionen. In der Schulpädagogik interessiert vornehmlich der erkenntnistheoretische Ansatz im Konstruktivismus. Dabei handelt es sich um eine Theorie der Persönlichkeit, die der aktiven kognitiven Konstruktion der Welt durch den Menschen besondere Aufmerksamkeit widmet. Sie stellt die Frage: „Wie wissen wir, was wir wissen?", eine Frage, die für Didaktik und Lerntheorie höchst bedeutsam ist. Ihr zufolge werden Wahrnehmen und Erkennen auf Konstruktionsleistungen des menschlichen Subjekts, des personalen Systems Mensch, zurückgeführt. Dabei konstruiert im kommunikativen Prozess jeder seine eigenen Bedeutungen. Jede Beobachtung ist vom Beobachter abhängig, die Wirklichkeit „an sich" ist unzugänglich, man nimmt sie mithilfe der Perzeptionssysteme wahr, die ihre Grundlage in der Gehirnstruktur haben und an deren Entfaltung individuelle Lebenserfahrungen wesentlich beteiligt sind. Jeder hat daher eine eigene Logik, jeder kann nur aufgrund seiner subjektiven Struktur Wissen hervorbringen, aus Erfahrungen konstruieren und zu neuen Erkenntnissen gelangen. Die Wirklichkeit ist ein Produkt des individuellen Subjekts. Bedeutungen werden nicht von einem Kopf in den anderen „übermittelt", sondern konstituieren sich aus den Operationen (Denken, Fühlen, Handeln) des Einzelnen. Bekanntlich verstand schon J. Piaget die Denkentwicklung als einen durch Umweltbegegnungen initiierten subjektiven Konstruktionsprozess beim Menschen aufgrund vorhandener Denk-, Fühl- und Handlungsstrukturen. Qualitative Veränderungen und neue Strukturen sind das Ergebnis einer kreativen Konstruktion des Subjekts, das sich mit seinen durch die jeweilige Struktur bestimmten Möglichkeiten erkennend, fühlend und handelnd auf innere und äußere Objekte bezieht. Neue Strukturen entstehen also dadurch, dass das Subjekt äußere Bedingungen und Einflüsse rekonstruiert, dass es Gegenstände, soziale Vorbilder und Problemstellungen mit seinen jeweils verfügbaren Strukturen aufnimmt und verarbeitet. Im Laufe dieser Verarbeitung kommt es – als Leistung des Subjekts – zur Differenzierung und Integration neuer Teilstrukturen, die dann als neue Strukturzustände die Basis für weitere Transformationen sind. Immer aber bestimmt seine interne Struktur, wie das Subjekt mit Anregungen und Anforderungen umgeht, die aus seiner Umgebung an es gerichtet werden. Infolgedessen gilt: „Lehren ist nicht die Vermittlung und Lernen ist nicht die Aneignung eines extern vorgegebenen objektiven Zielzustandes, sondern Lehren ist die Anregung des Subjekts, seine Konstruktionen von Wirklichkeit zu hinterfragen, zu überprüfen, weiterzuentwickeln, zu verwerfen, zu bestätigen etc." (Werning 1998, 40). Konstruktion, Rekonstruktion und Dekonstruktion sind daher Leitbegriffe im Lehr-Lern-Prozess der Schule.

Was von der Außenwelt, von der sozialen Umwelt, der Familie oder der Schule dazu beigetragen werden kann, sind strukturierte Anstöße, Anregungen, Verhaltensvor-

bilder, Materialien und Situationen, die solche rekonstruierenden und konstruierenden Lernprozesse beim Kind und Jugendlichen auslösen und lenken. Ob Initiativen dieser Art erfolgreich sind, hängt entscheidend von der Qualität und Form der Kommunikation zwischen den Beteiligten ab.
Jedes Kind und jeder Jugendliche nimmt die umgebende Welt in subjektiv-biografischer Weise und unter den Bedingungen seiner jeweiligen kognitiv-emotionalen Lage auf. Unter strukturgenetischer Perspektive ergeben sich dabei entwicklungsbedingte Unterschiede. Am Beginn des Lebens stehen die Prägung und dann das Reiz-Reaktions-, das Trial-and-error- und das Imitationslernen im Vordergrund, die später dann mehr durch Kognitionslernen überlagert werden. In allen Fällen ist es aber ein Lernen aus Erfahrungen und ein subjektives Verarbeiten von Außenweltkontakten. Infolgedessen hängt die individuelle Konstruktion des Selbst-, Fremd- und Weltbildes bei jedem Einzelnen wesentlich von den „Angeboten" zum Erfahrungslernen ab, die die Außenwelt macht, sowie davon, wie sie sie macht (Reich 1998; Voß 1998).

Die Theorie der Ganzheitlichkeit

Die in den letzten Jahren zur Mode gewordene Redeweise vom Unterrichtsprinzip „Ganzheitlichkeit" und vom „ganzheitlichen Lernen" mit Kopf, Herz, Hand und allen Sinnen vergewissert sich selten einer theoretischen Grundlegung. Meist haftet ihr etwas Antirationales, Humanistisch-Mystisches an; sie bleibt weitgehend diffus, unklar, esoterisch (Beckers 1997; Senger 1992). Die Erinnerung daran, dass in den 30er und 40er Jahren der Begriff Ganzheit politisch vereinnahmt wurde, und die Beobachtung, dass er in der Gegenwart durch kosmische Alleinheitsideologie besetzt ist, lässt viele Pädagogen auf Distanz dazu gehen (vgl. Duncker/Popp 1997). Dabei wird allzu leicht die Relevanz dieses Denkansatzes für das Lernen der Schülerinnen/Schüler übersehen und nicht bedacht, dass Ganzheitlichkeit ein kulturkritischer Gegenbegriff gegen die Aufsplitterung der Lebenswelt durch einen fächerspezialisierten Zugang zu ihr einerseits und gegen die Dominanz fachwissenschaftsbezogenen Denkens in der Schule andererseits sein kann. Denn im modernen Verständnis von Ganzheitlichkeit verbinden sich systemische, gestaltpsychologische und anthropologische Vorstellungen, die keineswegs antiaufklärerisch und antiemanzipatorisch sind (Moegling 1998, 14–45).
Dass das Ganze mehr ist als die Summe seiner Teile, darauf hat bereits Aristoteles hingewiesen und deren bloßer Addition oder zufälliger räumlicher Nähe widersprochen. Es muss also zwischen den Teilen, die ein Ganzes ausmachen, eine besondere Art von Beziehung bestehen, bei der aus Zusammengesetztem ein qualitativ Anderes, Neues, Eines entsteht. Eine Analogie drängt sich zur Erklärung auf: Bei Teil und Ganzem verhält es sich so wie bei Zelle und Gewebe, Gewebe und Organ, Organ und Organverband, Organverband und Organismus, Organismus und ökologischen Systemen, ökologischen Systemen und Gesamtnatur. Eine „Systemschau der Welt" (Capra 1985) sieht in der Welt für sich bestehende Systeme (besser: Subsysteme) mit einer eigenen Typik und mit eigenen Organisationsprinzipien, die dynamisch sind und mit Rückkoppelungen zu anderen Systemen in Beziehung stehen, die mit anderen Systemen kooperieren oder durch

Metabolismus Teile anderer Systeme integrieren und dadurch ihr Organisationsmuster variieren können.
In jüngerer Zeit hat sich auch die Anthropologie solchen Überlegungen geöffnet. Ihr Bild vom Menschen als personalem Handlungssystem im Kontext anderer Systeme (Systemumwelten) hat den Descartes'schen Dualismus von Leib und Geist überwunden. Der Mensch lebt als Subjekt mit Intellekt, Gefühl, Sinnen und Leiblichkeit, vernetzt in sozialökologischem Kontext, eingebunden in seine ihm eigene Lebenswelt. Er ist zwar Teil dieser Kontexte, geht aber nicht in ihnen auf, sondern trägt Elemente der Ganzheiten, deren Teil er ist, in sich. Die ganzheitliche Sicht erlaubt dem Menschen einen mehrperspektivischen Zugang zur Lebenswirklichkeit, insofern er sie sich nicht mehr nur mit seinem Intellekt, sondern auch mit seinem Gefühl, seinen Sinnen und seiner Körperlichkeit erschließt.
Die schulpädagogische Ganzheitstheorie der Gegenwart sieht ihre Grundlagen in der Ganzheitspsychologie der 20er Jahre dieses Jahrhunderts (Leipziger Schule, Berliner Schule) und deren Weiterentwicklungen (vgl. F. Krueger, A. Wellek, Ph. Lersch). Gegen elementaristisches Denken und gegen jede Assoziationstheorie betont sie den Primat der Komplexqualität und der Übersummativität: Am Anfang steht das ganzheitliche Wahrnehmen als Erleben im Hier und Jetzt und nicht das nacheinander erfolgende Aufbauen aus Einzelgliedern/Elementen. Heute versteht sich die Ganzheitstheorie als humanistische Persönlichkeitstheorie und grenzt sich sowohl von den Eigenschaftstheorien wie auch von den psychoanalytischen Theorien ab. Im Unterschied zu diesen ist sie holistisch, d. h. sie bezieht jede einzelne Handlung des Menschen auf seine Gesamtpersönlichkeit; sie ist ferner dispositionell und existenzialistisch, was meint, sie geht davon aus, dass jeder Mensch frei ist und die angeborene Neigung hat, sich selbst zu verwirklichen (Ernst 1993).
Alle Erfahrungen, die der Mensch mit sich und seiner Umwelt macht, haben die Form eines ganzheitlichen Erlebens und integrativen Zusammenwirkens. Sie sind komplex, vermischt mit Elementen des Unbewussten, und betreffen ihn zentral in seiner Personalität. Er ist Person und als solche eine strukturierte Ganzheit (Schröder 1991, 60). Am Zustandekommen von Erfahrungen ist er als Leib-Seele-Geist-Einheit beteiligt. Nicht einmal vergeistigtes Denken macht da eine Ausnahme; es erfolgt auch nicht losgelöst von seiner Vital- und Emotionalsphäre. Immer geht der Weg vom komplexen Erleben über Differenzierung und Strukturierung zur Integration als Form einer neuen Ganzheit (Ernst 1993, 23). Das hat Auswirkungen auf Schule und Unterricht: Der Schüler muss – erstens – als eine personale Einheit betrachtet werden, der nicht nur mit dem „Kopf", sondern immer auch mit „Herz", „Hand" und „Körper" lernt, bei dem in jedem Lernakt Intellekt, Emotionalität, Psychomotorik, die Sinne und der ganze Körper beteiligt sind. Zweitens sollte der Unterrichtsinhalt, die „Sache", um die es im Unterricht geht, immer mehrperspektivisch („ganzheitlich") präsentiert und betrachtet werden. Drittens kommt alles darauf an, die „Struktur" der Schülerpersönlichkeit mit der „Struktur" des Lerngegenstandes zusammenzubringen, was umso leichter gelingt, wenn man den Unterrichtsinhalt als Ergebnis des Fragens, Suchens und Problemlösens von Menschen der Gegenwart oder Vergangenheit sieht.

3.3 Konsequenzen für die Unterrichtspraxis

Die neurophysiologischen Forschungsergebnisse und die konstruktivistische Erkenntnistheorie führen zu einigen für den Schulunterricht sehr bedeutsamen Ergebnissen:

- ▷ Effektives Lernen ist nur möglich, wenn die Funktionsweise des Gehirns beachtet wird.
- ▷ Aufgrund der individuell ausgebildeten Informationsaufnahme, Lernstrukturmuster und Assoziationsmöglichkeiten, hormonellen und vegetativen Reaktionsweisen verläuft das Lernen bei jedem Schüler/jeder Schülerin anders. Lehren muss deshalb mehr als Anregung zum Selbstlernen der Schüler, zum Konstruieren, Rekonstruieren, Hinterfragen, Überprüfen und Weiterentwickeln (= Dekonstruieren) von Wirklichkeit geplant werden.
- ▷ Der Unterricht sollte durch kulturelle Unterschiede, durch leistungs-, geschlechts- und altersheterogene Lerngruppen eine Vielfalt von Lernwegen ermöglichen, praktische Relevanz besitzen sowie die Erfahrungs- und Lernwelt der Schüler aufgreifen.
- ▷ Den Beziehungen ist beim Lernen mehr Aufmerksamkeit zu widmen, denn Beziehungen bestimmen als Kontext das Erlernen aller Inhalte mit.
- ▷ Das Selbstverständnis des Lehrers sollte sich ändern, vom Besitzer des Wissensmonopols zum Anreger und Förderer von Konstruktionsprozessen beim Schüler sowie zum Arrangeur von Lerngelegenheiten und einer Kommunikationsatmosphäre, bei der „echte“ Fragen gestellt werden können.

Das macht das Unterrichten in der Schule schwierig. Wie sollen Lehrer bei 30 Schülern deren unterschiedliche Lernweisen berücksichtigen können? Im Grunde könnten doch nur die Schüler selbst ihren eigenen Lernprozess durchschauen. Aufgabe der Lehrer muss es daher sein, das Lernen der Schüler so anzuleiten, dass es möglichst bei jedem Einzelnen von ihnen zu einer aktiven Informationsverarbeitung kommen kann. Dazu einige Lehr- und Lerntipps:

Lehrtipps für LehrerInnen

(1) Lassen Sie die Schüler/Schülerinnen ihren eigenen Lernprozess durchschauen und selbst gestalten. Dazu brauchen diese von Ihnen lernpsychologische Informationen sowie Kenntnisse über Arbeitsmethoden und lernstoffspezifische Arbeitstechniken!

(2) Sorgen Sie durch Veranschaulichung, Versprachlichung, Tätigkeiten/Handlungen und eine angenehme/angepasste Lernumgebung für eine Mehrfachkodierung der neuen Lerninhalte im Gehirn! Denn so können beide Hirnhälften aktiviert sowie die sensorischen und motorischen Felder genutzt werden.

(3) Wechseln Sie während des Unterrichts die Methoden, das Lernmaterial, das Lerntempo, die Medien und das Anspruchsniveau der Aufgaben, um die verschiedenen „Lerntypen“ besser zu berücksichtigen! Differenzierung ist in allen Unterrichtsphasen angebracht.

(4) Beachten Sie, dass Wissen nie ohne Gefühle aufgenommen wird, dass also die Lernsituation möglichst stress-, angst- und repressionsfrei ist! Denken Sie an die Bedeutung des limbischen Systems und der Hormone!

(5) Geben Sie den Schülerinnen/Schülern genügend Gelegenheit, eigene Assoziationen zwischen dem neuen Lernstoff und ihren bereits aufgebauten Wissens-, Fühlens- und Könnensstrukturen herzustellen und sprachlich auszuformulieren! Ihre Vermutungen, was für Ihre Schüler neu, interessant, wichtig, schwierig oder unverständlich ist, können unmöglich für alle zutreffend sein.

(6) Vermeiden Sie, dass durch ablenkende, störende oder hemmende Zusatzreize am Arbeitsplatz die Informationsaufnahme beim Schüler/bei der Schülerin beeinträchtigt wird! Stellen Sie zuerst immer die nötige Aufmerksamkeit her.

(7) Planen Sie genau die Lernphasen ein, in denen der neue Lernstoff variiert, geübt, wiederholt und angewendet wird, damit das Basiswissen/Basiskönnen vor dem Vergessen abgesichert wird! Lassen Sie die Schüler/Schülerinnen dazu ein breites Repertoire an Mnemotechniken (Eselsbrücken, Faustregeln, Lernfragen, Merkverse, Reime, Tabellen, Karteien, Bildassoziationen, Kürzel, Regeln für das methodische Vorgehen usw.) einsetzen! Der Zeittakt des Gedächtnisses zwingt Sie dazu.

(8) Achten Sie darauf, dass die Schülerinnen/Schüler um Sinn, Zweck, Bedeutung/Bedeutsamkeit des Lernstoffs wissen, denn das vergrößert den Behalteneffekt! Unverstandenes und als sinnlos Empfundenes wird nicht behalten.

(9) Erlauben Sie den Schülern/Schülerinnen, Fehler zu machen, halten Sie sie dazu an, diese selbst zu entdecken (vgl. Fehlerstrichlisten) und zu kontrollieren! Lernen durch Versuch und Irrtum ist effektives Lernen.

(10) Denken Sie daran, dass Lernen anstrengt. Teilen Sie den Lernstoff in wohlüberlegte Etappen ein und planen Sie bewusst Entspannungsphasen (Lernpausen, Atemtechnik, Fantasiereisen, kurze Bewegungsspiele, Muskelentspannungsübungen, Musik, Meditation, Methoden- und Lernstoffwechsel) ein!

Lerntipps von SchülerInnen

In pädagogisch orientierten Zeitschriften (vgl. „Eltern“) finden sich bisweilen Rubriken, in denen Schülerinnen und Schüler berichten, wie sie ihr Lernen organisieren und verbessern. Daraus sind die folgenden Schülerlerntipps zusammengestellt:

(1) Die Hausaufgaben lassen sich viel leichter erledigen, wenn man sich zwischen den einzelnen Fächern Ziele setzt. Zum Beispiel: „Ich telefoniere mit Susi erst dann, wenn ich Mathe fertig habe!“ Dann zögert man seine Hausaufgaben nicht mehr sinnlos lange hinaus.

(2) Kopfrechnen kann man prima üben, wenn man Auto fährt. Ich schaue auf die Nummern der anderen Autos: Wie kann man die Zahl teilen – durch 2, 3, 5, 7? Was sind $^2/_3$ davon? Oder $^3/_{10}$? Sind Geschwister dabei, kann man einen Wettbewerb machen.

(3) Fremdsprachen-Vokabeln lerne ich leichter, wenn ich mir die schwierigen Wörter mit großen, bunten Buchstaben auf ein Blatt Papier schreibe und es dann im Zimmer oder an einem oft benutzten Ort (oder Örtchen) aufhänge. Manchmal male ich mir bei schwierigen Vokabeln zusätzlich zum Wort ein Bild.

(4) Ich kann gut lernen, wenn ich spazieren gehe, und zwar zusammen mit meiner Freundin. Wir stellen uns gegenseitig Fragen und versuchen, sie zu beantworten. Manchmal sind es auch nur Stichwörter, die uns weiterhelfen.

(5) Ein Tipp für Erdkunde: Ich sammle Reiseberichte mit vielen bunten Fotos aus Illustrierten. Durch die Bilder und die lebendigen Beschreibungen kann ich mir die Landschaft besser vorstellen.

(6) So gehen Hausaufgaben leichter von der Hand: Die Arbeiten, die erledigt werden müssen, in Etappen einteilen, gleiche Fächer sollten nicht unmittelbar nacheinander erledigt werden, also z. B. nicht erst Französisch und dann Englisch. Besser ist die Reihenfolge Französisch, Mathematik, Englisch. Und: mit einer leichten Aufgabe anfangen, dann hat man schnell ein Erfolgserlebnis und arbeitet mit Schwung weiter.

(7) Auswendig lernen, z. B. von Gedichten, geht bei mir besonders gut, wenn ich den Text einmal abschreibe.

(8) Eine Möglichkeit, Fehler im Diktat oder im Aufsatz zu entdecken: Den Text vom letzten Wort zum ersten durchgehen, Rechtschreibfehler werden dann weniger leicht übersehen.

(9) Liedverse, Gedichte oder Vokabeln kann ich mir besonders gut merken, wenn ich sie abends vor dem Einschlafen mehrmals durchlese. Da habe ich genug Ruhe, um mich zu konzentrieren. Vor dem Aufstehen wiederhole ich die Texte. So habe ich fast wie im Schlaf gelernt.

(10) Es ist hilfreich, sich nach dem Lernen zu fragen, was man denn gelernt hat. Worum ging es? Was war wichtig? Was würde ich anderen darüber erzählen wollen?

(11) Texte – egal für welches Fach – lese ich mir absatzweise durch und mache dabei stichwortartige Notizen.

(12) In Mathematik konnte ich mir die Zeichen für „kleiner als“ und für „größer als“ nicht gut merken. Ich erfand eine Eselsbrücke: Aus < (für kleiner als) könnte man ein „k“ machen, aus dem Zeichen > (für größer als) nicht.

(13) Wenn ich von der Schule heimkomme und mich an meine Aufgaben setze, bin ich meist müde. Ich stehe dann zwischendurch auf, mache zehn Kniebeugen oder gehe auf den Balkon, um tief durchzuatmen. Ich kann dann wieder weiterlernen.

(14) Ein Tipp, der das Rechtschreiben, aber auch das Lernen von Vokabeln erleichtert: Die Wörter, die ich mir überhaupt nicht merken kann, schreibe ich

auf Kärtchen. Die Kärtchen hänge ich an eine Wäscheleine quer durchs Zimmer.

(15) So lerne ich Gedichte auswendig: Ich schreibe den ganzen Text oder bei längeren Gedichten immer einen Vers auf eine Schiefertafel. Dann lese ich ihn laut vor, lösche das jeweils letzte Wort und lese erneut. Dabei wiederhole ich natürlich auch die weggelassenen Wörter. So mache ich weiter, bis kein Wort mehr auf der Tafel steht.

(16) Die Nebenflüsse der Donau habe ich immer durcheinander gebracht. Mit diesem Vers kann ich sie mir merken: Iller, Lech, Isar und Inn fließen von rechts zur Donau hin! Wörnitz, Altmühl, Naab und Regen kommen ihr von links entgegen.

(17) Beim Musikunterricht gibt es oft Schwierigkeiten, die Noten zu lernen. Mir hat dabei eine Eselsbrücke geholfen. Die Noten auf den Linien von unten nach oben heißen e, g, h, d, f. Mit dem Spruch „esel, geh', hole dein futter“ habe ich die Reihenfolge gelernt. Die Noten in den Zwischenräumen der Linien sind f, a, c, e. Da hilft mir der Spruch: „franz aß citronen-eis“.

(18) Früher hatte ich immer meinen ganzen Schreibtisch mit allem möglichen Krimskrams zugepflastert. Ich fand das zwar schön, aber es lenkte mich bei den Hausaufgaben unheimlich ab. Jetzt habe ich mich zu einer Zimmer-Razzia aufgerafft und dabei vom Schreibtisch alles weggeräumt, was nichts mit Hausaufgaben zu tun hat. Seitdem bin ich viel schneller mit den Aufgaben fertig.

(19) Als ich in der sechsten Klasse in Mathe und Englisch immer schlechter wurde, fing ich an, vor jeder Arbeit wirklich zu üben. Aber das hat kaum genützt. Dann habe ich mit meiner Freundin zusammen geübt – und wir wurden gleich sehr viel besser. Nun üben wir abwechselnd bei ihr und bei mir. Zwischendurch trinken wir Tee und quatschen. Dann geht's weiter.

(20) Diktate werden lustiger, wenn ich dabei Quatsch machen kann, z. B. Wörter vertauschen und den Sinn verdrehen: Wäsche backen, Geschirr bügeln, Kuchen waschen usw.

(21) Wenn ich lange Texte auswendig lernen muss, teile ich sie zunächst in kleinere Abschnitte. Dann hole ich mir Bonbons oder eine Tafel Schokolade. Nach jedem Abschnitt, den ich gelernt habe, gibt es eine kleine Pause und eine süße Belohnung.

(22) Vokabeln, auf kleine Zettel geschrieben, habe ich immer bei mir. Muss ich irgendwo warten, nutze ich die Zeit zum Lernen. Oder ich überlege, ob ich die englische Übersetzung weiß für Dinge, die ich sehe. So wiederhole ich viele Wörter ständig und präge sie mir fester ein.

(23) Folgende Art von Rechnungen bereitet mir Probleme: $-7 + 12 = 5$. Eines Tages erklärte mir meine Mutter die Rechnung mit einem Thermometer. Wenn es minus 2 Grad Celsius sind und die Temperatur um sieben Grad steigt, so ist es plus 5 Grad Celsius warm. Seitdem habe ich diese Art von Mathematik kapiert.

(24) Für viele Fächer lege ich mir Lernkarteien an, so z. B. für die Formeln in Mathematik oder Physik, für Lernstoff in Geschichte oder auch für Vokabeln, die ich schlecht behalten kann. Auf die eine Seite schreibe ich z. B. die Formel und auf die Rückseite, was sie bedeutet und wie ich sie erklären kann. Mein „Kartenspiel" hilft mir sehr.

(25) Mit Textaufgaben habe ich so meine Probleme. Ich mache das jetzt so: Zuerst lese ich den Text langsam durch; manchmal mache ich mir dann eine Skizze, damit ich ihn auch wirklich verstanden habe. Dann frage ich: „Was ist gegeben?" und „Wonach ist gefragt?" Dazu schreibe ich mir genau auf, welche Rechenschritte ich tun muss. Danach versuche ich die Lösung. Das mache ich nicht zu schnell, denn ich kontrolliere jeden Schritt extra. Am Schluss frage ich mich, ob das Ergebnis überhaupt stimmen kann. Und dann rolle ich den Rechenweg noch einmal von hinten auf.

(26) Die Satzbildung in Englisch ist streng geregelt und macht oft Schwierigkeiten. Eine große Hilfe ist für mich das Formelwort SVOPT. Es sind die Anfangsbuchstaben von subject, verb, object, place, time. Mit dieser Eselsbrücke kann ich immer leicht kontrollieren, ob ich in einem englischen Satz alles in die richtige Reihenfolge gebracht habe.

(27) Ich nehme beim Vokabelnlernen meinen Kassettenrekorder und spreche die neuen Vokabeln im 5-Sekunden-Abstand auf. Dann lasse ich ihn ablaufen und lese die Wörter zuerst im Buch mit; in der 5-Sekunden-Pause wiederhole ich jeweils das neue Wort mit seiner Bedeutung. Und das mache ich in mehreren Durchgängen.

Von „softlearning", „brain-based"-Unterrichten und anderen Anregungen

In demselben Maße, wie sich die Didaktik neurophysiologischen Forschungen öffnete, wuchs die Zahl unterrichtspraktischer Anregungen, die die Funktionsweise des Gehirns für das Lehren und Lernen besonders gut zu nutzen behaupten. Obgleich vielen von ihnen eine streng empirische Absicherung fehlt, finden sie derzeit bei den Lehrerinnen und Lehrern hohen Zuspruch. Die heute am meisten rezipierten sind:

▷ *Edu-Kinästhetik oder Brain-gym*
Diesem Ansatz liegt der Gedanke zugrunde, man könne durch bestimmte motorische Übungen/Techniken das Gehirn gezielt für bestimmte schulische Fertigkeiten (wie z. B. Schreiben, Zuhören, Rechnen, öffentliches Sprechen, angstfreies Neugierverhalten, Hörverstehen usw.) aktivieren und stimulieren bzw. neurologische Blockaden (Energieblockaden) überwinden und so die Persönlichkeit in Balance bringen. Theoretischer Hintergrund dieser Bewegungsübungen sind Annahmen von P. Dennison und G. Goodheart über den Zusammenhang bestimmter Hirnvorgänge mit bestimmten Bewegungsübungen. Dabei gehen sie von der Struktur des menschlichen Gehirns aus, speziell von der Einteilung in eine rechte und eine linke Hirnhälfte mit spezifischen Leistungsfeldern, von der Unterteilung in Hinter- und Vorderhirn mit einer gedachten Mittellinie, die den

ganzen Körper durchziehe, sowie von der Aufteilung in Hirnstamm und Kleinhirn mit emotionalen und mit kognitiven Gehalten. Würden diese Teile des menschlichen Gehirns nicht wechselseitig miteinander in Beziehung stehen, entstünden Lernblockaden und Hemmnisse. Um diese abzubauen oder zu verhindern, müsse man bestimmte Körperbewegungen ausführen. So könnten bestimmte Arm- und Beinbewegungen (z. B. Simultanzeichnen der rechten und linken Hand oder Über-Kreuz-Bewegung zwischen Arm und gegenüberliegendem Bein) die Linie zwischen den Hirnhälften kreuzen und zur bihemisphärischen Integration stimulieren (Lateralitätsaspekt). Andere Bewegungen wie z. B. die Armaktivierung (einen Arm ausgestreckt ans Ohr halten, langsam atmen, sich mit der anderen Hand hinter dem Kopf an dessen Ellbogen fassen und in die vier Richtungen drücken) oder die Fußpumpe (Hinsetzen, einen Fuß über das Knie des anderen Beines legen, die empfindlichen Stellen am Fußknöchel, an der Wade und hinter dem Knie des übergeschlagenen Beines drücken), die so genannten Längungsübungen, fördern das aktive und konzentrierte Mitmachen beim Unterricht, und zwar durch die Kreuzung der Linie zwischen Hinter- und Vorderhirn (Fokusaspekt). Der Fluss elektromagnetischer Energie durch den Körper zwecks Aktivierung der Nervenverbindungen und positiver Gefühlsstimmungen bei der Informationsverarbeitung (Zentrierungsaspekt) soll durch Energieübungen erfolgen, die der Akupunktur-Meridian-Theorie entstammen wie beispielsweise das intensive Massieren des weichen Körpergewebes unter dem Schlüsselbein bei gleichzeitigem Berühren des Bauchnabels mit der anderen Hand („Gehirnknöpfe") oder das sanfte Dehnen und Massieren der Ohren mit Daumen und Zeigefinger dreimal von innen nach außen („Denkmütze").

▷ *Suggestopädie (Superlearning)*
Begründer der Suggestopädie als Lehr- und Lernmethode ist der bulgarische Arzt und Psychotherapeut Georgi Lozanow. Er hatte herausgefunden, dass die Gedächtnis- und Informationsaufnahmeleistung beim Lernen durch zusätzlich unbewusst aufgenommene Informationen gesteigert werden kann. Zur Begründung greift er auf die Forschungen zu den Hirnhälften zurück, speziell darauf, dass zwischen den beiden Großhirnrinden elektrisch messbare Impulse mit unterschiedlichen Geschwindigkeiten schwingen (Delta-, Theta-, Alpha- und Beta-Wellen). Für das Lernen sind seiner Meinung nach die Alpha-Wellen (8–12,5 Hz) wichtig, die in einem wachen, völlig entspannten und angenehm empfundenen Zustand fließen. Sie lassen sich durch geeignete Musik und eine entspannte Atmosphäre herbeiführen. Je nach Frequenz des Alpha-Rhythmus kann man speziell die links- oder rechtshemisphärischen Potentiale nutzen oder auch beide Hemisphären gleich stark aktivieren. Die Musik des Barock und der Klassik eignet sich nach Meinung von Lozanow dazu als Hintergrundmusik besonders gut. Der Unterricht soll in folgenden Schritten geplant werden:

1) erste Präsentation des Lernstoffs durch Lehrervortrag mit Erklärungen (ca. 20 Min.)
2) aktive Konzertphase (ca. 20 Min.): Der Lehrer trägt den Lernstoff noch einmal emotional-expressiv vor, möglichst in Lautstärke, Rhythmus und Ton-

höhe der Musik angepasst, die gleichzeitig in normaler Lautstärke im Raum eingespielt wird.

3) passive Konzertphase (ca. 25 Min.): Der Lehrer trägt den Lernstoff erneut langsam vor, gleichzeitig wird eine langsame, entspannende Musik eingespielt; die Schüler sitzen in bequemen Sesseln (Liegestühlen) und hören entspannt mit geschlossenen Augen zu.
4) Aktivierungsphase (ca. 120 Min.): Die Schüler führen zum Lernstoff Übungen, Anwendungen und Transfers in andere Darstellungsformen durch, die auch mit musikalischen Aktivitäten (z. B. Singen) verknüpft sein können.

▷ *Mindmapping*

Auch die Mindmap-Methode bedient sich der Ergebnisse der Hirnforschung. Ihr Begründer, der Engländer Tony Buzan, will mit dieser Darstellungsweise von Gedanken und Ideen beide Hirnhälften aktivieren, vor allem auch die rechte

Beispiel

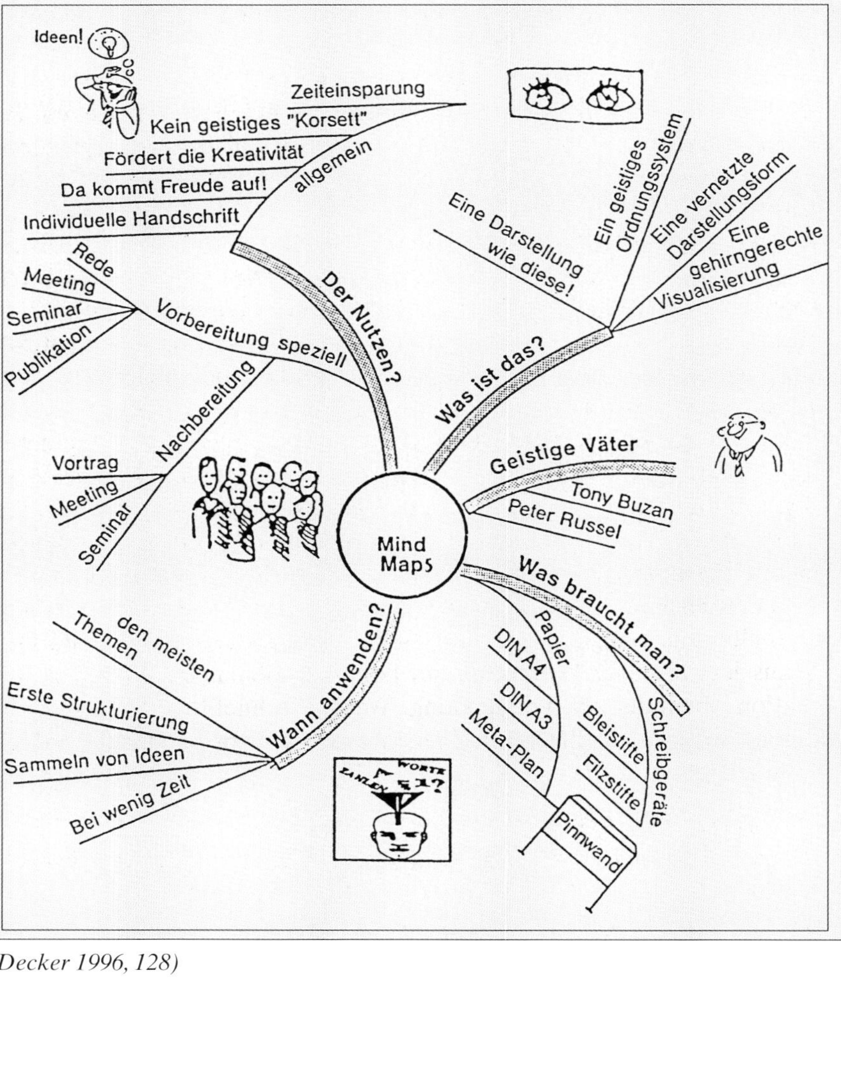

(aus: Decker 1996, 128)

Hemisphäre. Sein Vorschlag, das Mindmap. Es sieht aus wie eine Karte, ein Linienwerk, auf dem prägnante Begriffe zu einem Thema stehen, die oft mit (farbigen) Bildern und Symbolen „verziert" sind. Die Karte hat eine innere Logik. Im Zentrum steht der Leitbegriff einer Problemstellung, der in die Randbereiche immer mehr spezifiert und differenziert wird. Besondere Bedeutung haben hier Assoziationen, die dem „Mindmapper" kommen und die sowohl sein analytisches Denken als auch sein kreatives Problemlösen herausfordern. Systemische Zusammenhänge, persönliche Akzente und spontane innovative Ideen lassen sich mit Hilfe eines Mindmap besonders gut abbilden.

▷ *Neurolinguistisches Programmieren (NLP)*
Anfang der 70er Jahre wurde in den USA von Kognitionspsychologen wie M. Erickson, F. Perls, V. Sativ und G. Bateson eine neue Art des Lernens und der Kommunikation entwickelt, das Neurolinguistische Programmieren. „Neuro" bezieht sich dabei auf das Nervensystem und die Informationsaufnahme und -speicherung durch die Sinne, „linguistisch" meint die verbale und nonverbale Sprache des Menschen, und „Programmieren" bedeutet, beim Lernprozess sinnvoll aufeinander aufbauende Erfahrungen machen zu lassen. Für die pädagogische Arbeit empfiehlt das NLP, zuerst bei jedem Schüler/jeder Schülerin herauszufinden, welche seine bzw. ihre bevorzugten Wahrnehmungskanäle und Repräsentationssysteme sind (visuell, auditiv, kinästhetisch, olfaktorisch, gustatorisch), und leitet daraus die Notwendigkeit ab, konsequent multisensorisch zu lehren. Das setzt eine genaue Beobachtung der Schüler, ihrer verbalen und nonverbalen Kommunikation sowie bestimmter Verhaltensindikatoren, die von den NLP-Forschern eindeutig identifiziert wurden (z. B. Körperhaltung, Augenstellung, Art zu sprechen, Atmung usw.), voraus. Für erfolgreiches Lernen ist ferner eine gute Beziehung zwischen Lehrer und Schüler wichtig, da der Lehrer sich dem Schüler anpassen muss, ihn da abholen muss, wo er steht. Gelingt das, kann er es durch Mitsprechen und Mitbewegen, d. h. durch empathisches Eingehen auf das Erlebnismodell des Kindes, sodann durch dessen versprachlichtes Umdeuten und Neuorientieren, zu erweiterter Wahrnehmungs- und Handlungsfähigkeit führen (pacing, leading). Wichtig sind dabei auch so genannte Ankerprozesse, die bewusst und immer wieder gleich praktizierte Verbindung von bestimmten Erlebnissen mit bestimmten äußeren Reizen (z. B.: Lehrer verwendet immer das gleiche Handzeichen, wenn in der Klasse Ruhe eintreten soll). Sie helfen, das Lernverhalten der Schüler ohne viele Worte zu beeinflussen. Hypnotische Elemente aus der klinischen Hypnotherapie kommen dabei in der alltäglichen Kommunikation ebenfalls zur Verwendung. Werden schließlich die modifizierten Handlungsmuster an Aufgabenstellungen erprobt, kann eine neue subjektive Stabilität aufgebaut werden.

▷ *Die Themenzentrierte Interaktion (TZI)*
Nicht so sehr an der Lernbiologie, wohl aber an der Individualität des Lerners und seiner Autonomie setzt die Themenzentrierte Interaktion an. Ruth Cohen, der Begründerin, lag besonders daran, aus den Axiomen, dass der Mensch autonom und independent, wertvoll und mit Entscheidungsfreiheit ausgestattet ist,

Konsequenzen für den Unterricht und das Lernen zu ziehen. Deshalb will sie Verantwortung ermöglichen und Störungen zulassen; ohne beides ist ihrer Meinung nach persönliches Wachstum beim Lernen nicht möglich (vgl. die Regeln „Sei dein eigener Chairman!“, „Störungen haben Vorrang!“). Zentrale didaktische Aufgabe des Lehrers ist es nun, im Unterricht ICH (jede einzelne Schülerpersönlichkeit), WIR (die Mitschüler als Gruppe mit ihren Beziehungen untereinander) und ES (das Thema, die Sache, den Unterrichtsstoff) in einer dynamischen Balance zu halten und zusätzlich zu bedenken, dass alles, was im Unterricht passiert, in vielfältigen Beziehungen zur Umwelt (GLOBE) steht. Dazu muss er die Struktur des Inhalts methodisch geschickt präsentieren, besonderes Augenmerk auf die Gruppe haben und sehen, wie sie damit umgeht, sowie schließlich dem Einzelnen eine Atmosphäre der Akzeptanz und des Wohlwollens bereitstellen, die es ihm erlaubt, angst- und repressionsfrei an die Erarbeitung heranzugehen. Als Hilfsregeln empfiehlt R. Cohen dabei: „Vertritt dich selbst und sprich per ICH statt WIR oder MAN!“, „Wenn du eine Frage stellst, sage, warum du sie stellst und was sie dir bedeutet!“, „Interpretiere nicht andere, sondern sprich deine persönlichen Reaktionen aus!“, „Es können nicht mehrere gleichzeitig sprechen!“, „Sei als Lehrer authentisch in deinen Äußerungen, aber sage nicht immer alles, was du denkst!“, „Wertschätze deine Gefühle, sie sind für dich gültig und sind deine Energie!“, „Versuche immer zu geben und zu empfangen, was du auch selbst geben und empfangen willst!“

4. SchülerInnen brauchen Herausforderungen

Schüler und Schülerinnen können sehr viel mehr leisten, als man ihnen zutraut und als sie in der Schule vermuten lassen. Sie sind durchaus anstrengungsbereit bis an die physischen Grenzen, wie ihr Freizeitverhalten beweist. Offensichtlich haben sie doch ein Interesse an Selbstbestätigung aufgrund von Leistungen und Herausforderungen. Etwas leisten wollen, sich in einer Fähigkeit zu perfektionieren oder an einer Aufgabe zu bewähren, um so die Aufmerksamkeit und Wertschätzung der anderen zu erhalten, ist ja auch ein Grundbedürfnis des Menschen. Gelegenheiten dazu sehen viele Schülerinnen/Schüler vorwiegend in außerunterrichtlichen und außerschulischen Betätigungen. Natursportliche Unternehmungen, Outdoor-Aktivitäten, Gemeinschaftserfahrungen in Vereinen und Extremerlebnisse, aber auch sportliche, künstlerische, musische, kulturelle und technische Höchstleistungen vermitteln ihnen offenbar den Grad an Selbsterfahrung und Selbstbestätigung, den sie suchen, und die Gefühle, die sie in Schule und Unterricht vermissen.
Aus der Verhaltensbiologie (vgl. v. Cube/Alshuth 1989; Tulodziecki 1994) weiß man, dass der Mensch seine Instinkt- und Triebpotentiale seiner Umwelt anpasst und dabei seine Neugier, seinen Aktivitätsdrang, seine Triebmotive (Hunger, Durst, Sexualität, Aggression), seinen Wunsch nach Gemeinschaft und Geselligkeit sowie seine intellektuellen Fähigkeiten einsetzt. Er strengt sich dafür allerdings nur dann an, wenn er den Eindruck hat, dass sich für ihn die Anstrengung – im Sinne einer persönlichen Lust-Unlust-Ökonomie – lohnt. Die Anstrengungen werden von ihm als lustvoll erfahren, wenn sie zum Erfolg führen oder wenn er die Tätigkeiten selbst perfektionieren kann. Wird dem Menschen aber durch Verwöhnung, durch ein Fehlen von Herausforderungen oder durch passiv-rezeptive Lebensumstände die Anstrengung erspart, ist das „verhaltensökologische Gleichgewicht" gestört. Aktions-, Explorations- und Aggressionspotentiale sind dann „überschüssig" und suchen nach neuen und intensiveren Formen der Reizbefriedigung. Die Ansprüche steigen, die Langeweile wird größer, die Aggressionen wachsen. In der Schule kommt deshalb alles darauf an, diese Potentiale des Kindes/Jugendlichen für das Lernen zu nutzen.

4.1 „Ich fordere etwas von dir, weil ich dich achte!"

Mit diesem Satz hat einmal der russische Pädagoge Anton Semjonowitsch Makarenko (1888–1939) begründet, warum er seinen Zöglingen etwas abverlangte, nämlich aus Respekt vor ihnen als werdende Persönlichkeiten. Heute ist die Situation meist ganz anders. „Kinder und Jugendliche wachsen bei uns in einer Wohlstandsgesellschaft auf, die anstrengendes Appetenzverhalten und anstrengende Triebhandlungen weitgehend überflüssig macht; sie haben aber noch nicht die Einsicht in die Notwendigkeit eines kulturellen Abbaus der überschüssigen Aktions- und Triebpotentiale, sind also in der Gefahr, der aggressiven Langeweile mit allen Konsequenzen zu verfallen" (v. Cube/Alshuth 1989, 199). Darauf muss die Schule (und natürlich nicht nur sie!) reagieren, will sie ihren Erziehungs- und Bildungsauftrag nicht vernachlässigen. Sie muss Forderungen an die Schülerinnen/Schüler stellen, und zwar solche, die mit körperlichen Anstrengungen, und solche, die mit geistigen

Anstrengungen verbunden sind, wobei Anstrengung und lustvolles Erleben sich nicht ausschließen müssten.

Herausforderungen durch die Unterrichtsinhalte

Den Unterrichtsinhalten begegnen Schülerinnen/Schüler ganz unterschiedlich. Die einen gehen aktiv, innengesteuert, selbst- und sachbezogenen, mit Interesse, Neugier und Spaß an die Aufgaben heran; sie sind intrinsisch motiviert. Das Interesse solcher Schüler an einem bestimmten Lerngegenstand entspringt ihrer Selbstintentionalität, d. h. ihrem Willen, ihren Neigungen, ihren besonderen Befähigungen, Vorsätzen und Vornahmen, und hängt eng mit frühen Erfahrungen zusammen, die sie mit ihrem Neugierverhalten gemacht haben. Liegt kein Interesse am Lernstoff vor, bedarf es einer Motivierung der Schülerinnen und Schüler, d. h. einer möglichst starken didaktischen Auslösung von Lern- und Leistungsbedürfnissen. Soll diese Aktivierung erfolgreich ablaufen, muss sie Reize enthalten, die für die Gruppe der Lernenden positiv besetzt sind, oder sie muss angeborene Reaktionen hervorrufen (z. B. werden farbige Darstellungen spontan als „schön“ empfunden). Da es beim Lernprozess in den einzelnen Phasen Aktivierungsschwankungen gibt, reicht für die Sachauseinandersetzung ein einmaliges anfängliches „Anstoßen der Informationsaufnahme“ (Motivation kommt von lat. movere = bewegen!) nicht aus. Um das Handeln der Schülerinnen/Schüler auf die Erreichung des Zielzustandes auszurichten, sind immer wieder zusätzliche Anregungen und Lernanreize nötig. Dabei versprechen solche Motivierungsversuche den größten Erfolg, die ihr Selbstkonzept und Selbstwertgefühl unterstützen. Denn nachgewiesenermaßen haben Selbstkonzept und Selbstwertgefühl einen entscheidenden motivierenden Einfluss auf das Verhalten des Menschen. Könnenserfahrungen, das Erlebnis vertiefter Wahrnehmungen und das Gefühl, etwas selbst geschafft zu haben, befriedigen und motivieren zugleich zum Weitermachen. Gewiss bewirken bei einigen Schülern auch extrinsische Motivationen dasselbe, so wenn sie sich davon Belohnungen erwarten, ihre soziale Position in der Klasse/Gruppe stärken oder eine bestimmte Note erreichen wollen; manchmal liegt bei ihnen auch eine individuelle Kombination intrinsischer und extrinsischer Motivationselemente vor. Wie Untersuchungen gezeigt haben, liegen Anreize für eine Tätigkeit aber nicht allein in der Anfangsmotivation und den Folgen, die diese Tätigkeit mit sich zu bringen verspricht. Vielmehr entstehen sie auch im Laufe der Tätigkeit selbst, und zwar als so genannte „Vollzugsgenüsse“. Das ist der Fall, wenn die Tätigkeit Freude macht oder plötzlich Interesse hervorruft, also einen Eigenanreiz entfaltet. (Rheinberg/Fries 1998, Deci/Ryan 1991) Wenn man sie gerne ausführt und sich dabei gut fühlt, entwickelt sich – ganz unabhängig von ihren Ergebnissen oder Folgen – so etwas wie ein Flusserleben („flow“), ein Zustand „tätigkeitsabsorbierender Selbstvergessenheit“, während dessen der Mensch „aktionsgenießend operiert“. Die Sache selbst, mit der er sich befasst, und die Art und Weise, wie er das tut, kann den Schüler also durchaus in den Bann ziehen, faszinieren und dadurch zu einer tiefen Auseinandersetzung mit ihr führen.

Ob ein Schüler sich von einer „Sache“ herausgefordert fühlt, hängt nicht nur von ihm ab, sondern auch von der Sache selbst. Die Sache muss dem Schüler etwas für ihn Bedeutsames erschließen – entweder aus ihr selbst heraus oder mithilfe didaktischer Vermittlungen. Dazu eignen sich nicht alle Unterrichtsstoffe gleichermaßen gut. Damit eine Auseinandersetzung zwischen Schüler und Sache geschieht, sollten die Unterrichtsstoffe:

▷ *schülergemäß sein*, d.h. weder „überfordernde Verfrühungen" noch „unterfordernde Verspätungen" sein, sondern „Schrittmacher" der Lernentwicklung. Die Sachen sollten dem Lernstand und der Lernlage der Schüler angemessen und förderlich sein, was bedeutet, dass der in ihnen enthaltene Lern- und Leistungsanspruch in einer „dosierten Diskrepanz" zum bereits erreichten Schülerniveau steht (vgl. H. Heckhausen). Ist die Sache darüber hinaus noch vielschichtig, mehrperspektivisch und komplex, veranlasst sie erst recht den Schüler, sich mit all seinen Möglichkeiten intellektueller, emotionaler, praktischer und sensorischer Art darauf einzulassen.

▷ *ansprechend sein*, d.h. ihm unmittelbar auffallen, ihn erschrecken oder verwundern, ihn nachdenklich oder neugierig machen, ihn gedanklich beschäftigen, ihn herausfordern, sich das „Phänomen" zu erklären, ihm auf den Grund zu gehen. Solche Unterrichtsstoffe affizieren ihn, von ihnen geht unmittelbar ein Impuls aus. Der Schüler fühlt sich durch sie irritiert. Er will „es" wissen, und fängt von allein an, Vermutungen anzustellen, zu überprüfen, zu verwerfen und nach neuen Lösungen Ausschau zu halten.

▷ *wichtig sein*, d.h. nicht nur bedeutsam in der Systematik des Unterrichtsfaches oder im Blick auf die Erziehungsziele, sondern auch im Bewusstsein der Schülerinnen und Schüler. Damit ist gemeint, dass die in den Unterrichtsstoffen enthaltenen Vorstellungen von Individuum, Gruppe, Natur, Gesellschaft und Menschsein zu beachten sind, dass zu fragen ist, ob sie für die Gruppen, in denen der Schüler heranwächst, von Belang sind und welche unmittelbare Relevanz sie für ihn persönlich haben.

  Diese Anforderungen erfüllen nicht nur vom Lehrplan vorgeschriebene Unterrichtsstoffe. Sehr viel mehr, als Lehrpläne und Schulbücher glauben machen, eignet sich unter diesem Gesichtspunkt als Lerngegenstand. Die Interessen der Schüler und die Besonderheiten ihrer häuslichen, schulischen und außerschulischen Lebensumwelt haben – neben den zur Wahrung und Weiterentwicklung der Kultur erforderlichen Lerninhalten – deshalb eine Berechtigung, Unterrichtsstoff zu sein.

▷ *problemorientiert sein*, d.h. die Schülerinnen/Schüler dazu veranlassen, selbst nach Lösungen zu suchen, dafür ihre kognitiven und praktischen Kräfte aufzubieten und Strategien zu entwerfen, diese auszuprobieren und zu verbessern. Durch das produktive Denken wird gleichzeitig ihre Neugierde befriedigt.

Sich durch die Unterrichtsinhalte herausfordern zu lassen, ist der Beginn eines wichtigen Selbsterfahrungsprozesses beim Schüler. Er lernt die eigenen Fähigkeiten und Fertigkeiten kennen und zu entfalten, seine Möglichkeiten zu aktivieren und sich realistisch einzuschätzen.

Herausforderungen durch Verantwortlichkeiten

Verantwortlichkeiten zeigen sich in Schule und Unterricht als Dienste oder Aufgaben, die Schüler/Schülerinnen übernehmen, deren Anspruch sie sich stellen und

deren Verbindlichkeit sie anerkennen. Sie ergeben sich aus verschiedenen Anlässen: aus alltäglichen Situationen in der Schule und um die Schule wie beispielsweise die Tätigkeit als Schülerlotse oder als Tutor für neue oder jüngere Mitschüler, aus der Organisation des Pausenverkaufs oder der Arbeit für eine umweltgerechte Schule, aus Funktionen im Zusammenhang mit Veranstaltungen des Schullebens wie Spielen, Sport- und Schulfesten, Feiern, Aktionen, Schul- und Klassenprojekten, Kursen und freiwilligen Arbeits- oder Freizeitgemeinschaften, aus Aufgaben bei der Planung und Durchführung von Schulfahrten, Erkundungen, Besichtigungen und Exkursionen, aus Ämtern im Rahmen der allgemeinen Schülermitverantwortung (SMV/SV), aus Tätigkeiten bei der Schülerzeitung und der Homepage der Schule, aus zahlreichen kleineren Diensten in der Klasse, für mehrere Klassen oder die Schule insgesamt.
Dass Schülerinnen/Schüler solche Verantwortlichkeiten übernehmen, ist von hohem pädagogischen Wert (vgl. Potschka 1996). Es sind wichtige Schritte zur Emanzipation und Identitätsfindung. Zum einen ist hier der Aufbau des Verantwortungsbewusstseins zu nennen. Dass Schüler Ansprüche an sich wahrnehmen, sensibel werden für Situationen, für andere Menschen, für die Natur und Umwelt oder für institutionelle Bedingungen, die sie zu einer „Stellungnahme", zu einer „Antwort" veranlassen, ist für ihre individuelle und soziale Persönlichkeitsentwicklung und für das Zusammenleben mit anderen in einer gemeinsamen Umwelt von großer Bedeutung. Aufgaben sehen, die sich stellen, die übernommen und gewissenhaft erledigt werden müssen, ist der Einstieg in ein transaktional-ökologisches Verständnis der eigenen Existenz, des Bewusstseins, eingebunden zu sein in einen umfassenden Lebenszusammenhang. Eng verbunden mit einer solchen Sensibilisierung ist – zum anderen – die Empathie, das Sichidentifizieren mit der herausfordernden Aufgabe. Zum Erkennen ihrer Bedeutsamkeit muss nämlich eine gefühlsmäßige Stellungnahme hinzukommen, damit ein Impuls zum Tätigwerden entsteht. Dieser wiederum führt zu einem Abstimmen und Abgleichen der Handlungsmotivation mit den vorhandenen Kompetenzen und den innersten Volitionen. Übernimmt der Schüler dann die Verantwortlichkeit, macht er – drittens – Erfahrungen nicht nur mit der Gesellschaft, sondern vor allem auch mit sich und seinen Befähigungen. Oft genug zeigt sich dabei, dass er über Kompetenzen verfügt bzw. solche entwickeln kann, die er sich zuvor selbst nicht zugetraut hätte. Er entdeckt an sich Fähigkeiten und „Züge", von denen er bisher nicht wusste; er wächst mit der Aufgabe und manchmal sogar über sich hinaus. Erst recht wenn sich der Schüler in der übernommenen Verantwortlichkeit bewährt, wenn er anerkennende Rückmeldungen erhält, steigt – viertens – seine Bereitschaft, sich auch künftig durch Aufgabenstellungen herausfordern zu lassen, sich zu engagieren und sich in das gesellschaftliche Leben aktiv einzubringen.

Herausforderungen durch andere SchülerInnen

„Als aggressionsspezifische Handlung ist Konkurrenz ein Bestandteil unseres phylogenetischen Programms. Bei Kindern kommt dieses Verhalten noch unreflektiert zum Ausdruck; für den (reflektierenden) Menschen gibt sich das Problem, in welcher Form Konkurrenz stattfinden soll – an der Tatsache, dass es Konkurrenzstreben gibt, kann er nicht rütteln, so wenig wie an der Tatsache sexueller Bedürfnisse." – Mit diesem Argument aus der biologischen Anthropologie begründen F. v. Cube und D. Alshuth (1989, 205), dass und warum Wettbewerbsstreben beim Menschen ganz natürlich ist. Einzeln oder in Teams versucht mancher im Sport oder beim Spiel, seine Position im Wettbewerb mit anderen zu finden und zu verbessern. Der Grund, warum Konkurrenz in der Schule und in der Arbeitswelt weitgehend negativ konnotiert ist, liegt nach Meinung vieler Anthropologen darin, dass es hier oftmals an Fairness mangelt und der Einzelne gegenüber dem Konkurrenten nicht nur „gewinnen" will, sondern gleichzeitig ihn „fertig zu machen" versucht. Darin muss zweifellos eine Gefahr des Wettbewerbs gesehen werden, der es vorzubeugen gilt; nicht aber ist das konkurrierende Verhalten an sich abzulehnen oder zu ignorieren. Es muss vielmehr unter dem Gesichtspunkt humanen Verhaltens domestiziert werden, d. h. der Schwächere ist zu schützen und gegenseitige Rücksichtnahme ist unbedingt einzuhalten. Das bedeutet: Es müssen den Schülerinnen/Schülern viele verschiedene Möglichkeiten zum Leistungswettbewerb geboten werden, damit möglichst alle Kinder und Jugendlichen sich vergleichen und bewähren können. Aggressiv konkurrierendes Verhalten muss durch – drittens – Ritualisierungen verhindert werden, und der Leistungsvergleich sollte nur unter etwa gleichwertigen Konkurrenten durchgeführt werden. Denn Voraussetzung dafür, dass ein Schüler durch seine Mitschüler eine Herausforderung empfindet, ist die realistische Möglichkeit, unter Aufbietung besonderer Kräfte die eigene Position zu verbessern. In der Schulpädagogik spricht man in diesem Zusammenhang vom so genannten „Zugpferd-Effekt". Damit „ist der Aufforderungscharakter gemeint, den bessere Schüler gegenüber schwächeren unbewusst ausüben können. Soweit der Unterschied in der Leistungsentfaltung und den Leistungsergebnissen nicht zu groß ist, streben schwächere Schüler häufig danach, diese Leistungen ebenfalls zu erreichen. Die leistungsstärkeren Schüler üben somit eine Art Vorbildfunktion aus, welche mit der Wirkung eines Zugpferdes verglichen werden kann" (Schröder 1995, 162). Solche herausfordernden Situationen sollte es in allen Unterrichtsfächern und bei allen Fähigkeiten und Persönlichkeitsdimensionen, die in der Schule beansprucht werden, (und nicht nur bei den kognitiven!) geben, damit die Schüler/Schülerinnen vielfältige und unterschiedliche Gelegenheiten bekommen, Könnenserfahrungen zu machen. Sie dienen ihrer realistischen Selbsteinschätzung und dem Erwerb eines positiven Selbstbildes.

4.2 Was sagt die Theorie dazu?

Unterricht und Lernen lassen sich bekanntlich aus zwei Perspektiven sehen, aus der des Lehrenden und der des Lernenden. Soll Unterricht Schülerinnen und Schüler herausfordern, zur Auseinandersetzung mit Lerninhalten einladen, kommt es auf die Instruktionsweise des Lehrers/der Lehrerin ebenso an wie auf die Lerneinstellung der Schüler/Schülerinnen. Zwei Theorien machen dazu Aussagen, die moderne Instruktionstheorie und die Selbstwerttheorie.

Die Instruktionstheorie

Die Instruktionstheorie, bis in die 60er Jahre in der Psychologie eng mit Lehrtechnologien, Reiz-Reaktions-Lernen und programmierter Unterweisung verbunden, hat in den letzten Jahren eine für den Schulunterricht bedeutsame Weiterentwicklung erfahren. Mittlerweile lässt sich der Begriff „Instruktion“ synonym mit Lehren oder Unterrichten verwenden, vorausgesetzt man akzeptiert seine verhaltenswissenschaftliche Akzentuierung. Im Unterschied und Gegensatz zu reformpädagogischen Vorstellungen, denen zufolge das Kind am besten und erfolgreichsten „natürlich“, nach eigenen Bedürfnissen, selbstgesetzten Zielen und selbstgewählten Lernmethoden lernt, hält sich die neuere Instruktionsforschung an Vergleichsstudien zur kognitiven Entwicklung von Kindern, die anderes aussagen. „Deren Befunde sprechen dafür, dass komplexe Kulturtechniken, wissenschaftliches Wissen, abstrakte Denkoperationen und höhere metakognitive Kompetenzen nur über den Einfluss von schulisch oder schulähnlich organisierten zielgerichteten Lehr-Lern-Prozessen erworben werden können“ (Weinert 1996, mit Belegen). Die Instruktionstheorie baut deshalb auf den lernpsychologischen Forschungsergebnissen auf und fragt danach, durch welche Eingriffe, Steuerungen, Anregungen und Empfehlungen die Bedingungen, Prozesse und Ergebnisse des Lernens der Schülerinnen/Schüler verbessert werden können. „Instruktionsmodelle sind … Resultate wissenschaftlicher Bemühungen, um aus deskriptiven und explikativen Postulaten von Lerntheorien präskriptive Schlussfolgerungen für die Lernoptimierung zu ziehen und diese anschließend empirisch zu validieren bzw. systematisch weiterzuentwickeln“ (Weinert, a. a. O.). Im Unterschied zu den „klassischen“ Lerntheorien, die den Lernenden als Individuum vernachlässigten, geht die Instruktionstheorie davon aus, dass Lernen – erstens – ein aktiver, konstruktiver, kumulativer Prozess und keine extern vermittelte, passiv aufgenommene und mechanisch verarbeitete Informationsmenge ist; zweitens bedenkt sie, dass Lernen in dem Maße effektiver und produktiver ist, wie der Lernende den Lernstoff als Teil eines für ihn selbst bedeutsamen Kontextes erfährt (kontextuiertes und situiertes Lernen); drittens weiß die instruktionspsychologische Theorie um die Wichtigkeit von intrinsischer Motivation, von Interesse am Lerninhalt und von der Stimulation erlebter Lernfortschritte, wenn neue Informationen aufgenommen und verarbeitet werden sollen; schließlich – viertens – beachten Instruktionsmodelle auch, dass selbstorganisiertes und selbstkontrolliertes Lernen wichtig ist, und zwar als Voraussetzung, Mittel und Ziel schulischen Unterrichtens.

Unter instruktionstheoretischem Gesichtspunkt lassen sich die unterrichtsbezogenen Lehrerhandlungen nach vier komplexen Instruktionsstrategien typisieren, die in der Schulpraxis meist als Mischformen vorkommen. F. Weinert unterscheidet:

1. Direkte Instruktion zum Erwerb intelligenten Wissens

Unter direkter Instruktion ist weder Paukunterricht noch Drill in Form des lehrerzentrierten Frontalunterrichts verstanden, sondern ein Unterricht, bei dem die Schüler aktiv und konstruktiv allein, mit Tutoren oder in Gruppen arbeiten, bei denen die Schüler aber zum Erreichen maximaler Lern- und Leistungsfortschritte der Expertise des Lehrers bedürfen. Aufgabe des „Instrukteurs“ ist es dabei, für die Schüler angemessene Lehrziele festzulegen, den Unterrichtsstoff in fachlich-sinnvolle Lerneinheiten zu zerlegen, anhand von geeigneten Fragen und Problemstellungen das notwendige Wissen zu vermitteln bzw. von den Schülern hervorbringen zu lassen, es durch ausreichende Übung und Lernzeit zu sichern, bei Lernschwierigkeiten Hilfe anzubieten und den Lernfortschritt jedes einzelnen Schülers/jeder Schülerin zu kontrollieren. Wird so vorgegangen, hat die direkte Instruktion – wie empirische Untersuchungen belegen – bei größeren Lerngruppen die größten Leistungszuwächse und besten individuellen Lernergebnisse (auch bei schwächeren Schülern). Für den Erwerb von so genanntem „intelligentem Wissen“ ist die direkte Instruktion die zweckmäßigste und effektivste Instruktionsstrategie. Unter intelligentem Wissen versteht man nicht mechanische Kenntnisse oder die passive Verfügbarkeit von Fakten, sondern „ein wohlorganisiertes, disziplinär, interdisziplinär und lebenspraktisch vernetztes System von flexibel nutzbaren Fähigkeiten, Fertigkeiten, Kenntnissen und metakognitiven Kompetenzen“, kurz: verfügbares Wissen (Weinert 1998, 115). Dieses ist gerade nicht durch formale Techniken des Lernenlernens, auch nicht durch Schlüsselqualifikationen oder selbstbestimmte intrinsische Lernmotivationen der Schüler zu erreichen. Hier ist lehrergesteuertes Lernen nötig, ein Unterricht, der vom Lehrer schülerorientiert vorgeplant ist und der durch Schülerselbsttätigkeit das Verstehen des Lernstoffs fördert, Wissensdefizite oder Verständnisprobleme durch ein sachlogisch aufgebautes, systematisches, inhaltsbezogenes Lernen möglichst vermeidet.

2. Erwerb situierter Strategien der Wissensnutzung

Im Unterricht sind außer dem „intelligenten Wissen“ und zusammen mit diesem bei den Schülern/Schülerinnen noch andere Kompetenzbereiche aufzubauen, und dazu sind auch andere Unterrichtsformen als die direkte Instruktion nötig. Für den Erwerb situierter Strategien der Wissensnutzung ist die direkte Unterweisung erfahrungsgemäß uneffektiv. Intelligentes Wissen flexibel und kompetent anwenden zu können, setzt voraus, dass die Schüler zur sachlogischen Systematik des Wissens die möglichen Anwendungsbereiche und situativen Kontexte dieses Wissens mit gelernt haben. Denn nur dann werden sie ihr Wissen kreativ einsetzen können. Dazu muss ihnen Gelegenheit gegeben werden, die relevanten Informationen aktiv, kreativ, situativ, in lebensnahen Lernarrangements zu erwerben (und nicht, sie erst nachträglich auf diese anzuwenden!). Die dafür geeigneten Unterrichtformen sind Projektarbeit, Lernteams, lebenspraktische Recherchen, originelle und variable Übungs- und Anwendungsaufgaben (Weinert 1998, 116).

3. Erwerb metakognitiver Kompetenzen

Sollen metakognitive Kompetenzen – neben intelligentem Wissen und situiertem Wissen ein dritter Lernbereich – erworben werden wie beispielsweise Lern- und Arbeitstechniken, Strategien der Informationsbeschaffung, Umgang mit dem Computer oder Lernenlernen bedarf es eines vom Lehrer/von der Lehrerin angeleiteten selbstständigen Lernens der Schüler in Verbindung mit inhaltsspezifischen Lehr-Lern-Einheiten. Die dafür geeignete Unterrichtsform ist schüler-selbsttätiges Erarbeiten, freie geistige Tätigkeit, Gruppenarbeit und offener Unterricht. Denn nur in solchen Unterrichtsformen können die Schüler sich Lernstrategien aneignen, Erfahrungen mit ihren eigenen Stärken und Schwächen machen, die Bedeutung von Lernvoraussetzungen und Lernanstrengungen ermessen.

4. Erwerb von Handlungs- und Wertorientierungen

Sind – viertens – Handlungs- und Wertorientierungen Zielbereich des Unterrichts, ist direkte Unterweisung ebenfalls unbrauchbar. Hier geht es darum, dass die Schüler/Schülerinnen aus ihrem kognitiven Wissen über die Welt und den Menschen Orientierungen und Motivationen für ein verantwortliches Leben und Handeln entwickeln. Dazu müssen persönliche Erfahrungen reflexiv verarbeitet werden und Gewohnheitsbildungen angebahnt werden. Die infrage kommenden Unterrichtsformen sind hier reflexive Diskurse, der Aufbau von verhaltenssichernden Gewohnheiten, vorbildhaftes Handeln des Lehrers/der Lehrerin, die Verwendung lebensnaher Beispiele für verantwortliches Handeln und Verhalten in der Gesellschaft, eine Dialog- und Toleranzkultur in der Schule, aber auch verbindliche Verhaltensregeln, die individuelle Freiheit mit fairem Sozialverhalten verbinden (nach: Weinert 1998, 115–119).
Für die Instruktion ist grundsätzlich zu fordern, dass sie adaptiv ist, d. h. die individuellen Unterschiede zwischen den Lernenden berücksichtigt. Sie muss versuchen, die kognitiven, motivationalen und affektiven Unterschiede der Schüler didaktisch so zu beachten, dass jeder bestmöglichst gefördert wird. Dazu sind vielfältige Lehrformen neben- und miteinander zu praktizieren.
Hier kann auch die durch Tutoren unterstützte Instruktion (als punktuelle, sequenzielle und personale Anpassung der Instruktion an den Lerner) hilfreich sein, bei der Mitschüler, pädagogische Assistenten, der Lehrer oder auch das Computerprogramm den Lernprozess unterstützen. Gleiches gilt für das kooperative Lernen als Instruktion in der und durch die (heterogene) Gruppe – eine Strategie, bei der Planung, Erarbeitung und Anwendung neuer Wissensgebiete über eine arbeitsteilige Beschäftigung mit Lerninhalten, Projekten oder Problemen erfolgt. Positive oder negative Effekte hängen hier nicht nur von der Persönlichkeitsstruktur der kooperierenden und sich gegenseitig instruierenden Schüler ab, sondern auch entscheidend von der Vorbereitung, Unterstützung und Nachbereitung durch den Lehrer. Die heute viel genannte Strategie des selbstständigen Lernens als Selbstinstruktion ist zweifellos eine wichtige Voraussetzung, ein bedeutsames Mittel und letztendlich das eigentliche Ziel allen Unterrichts. Der Erfolg dieser Instruktionsstrategie hängt aber davon ab, ob bei den Schülerinnen/Schülern kognitive und metakognitive Kompetenzen (Vorwissen, Kenntnis des Wissensaufbaus und des eigenen Lernens usw.) in ausreichendem Maße vorhanden sind, ob die erforderlichen motivationalen und volitionalen Voraussetzungen gegeben sind sowie ob die Schüler über die notwendigen „Techniken" der Handlungsvollzüge und der Selbstmanipulation von Gefühlen, Einstellungen und Aufmerksamkeitsverteilungen verfügen (vgl. Weinert 1996, 29–36).

Die Selbstwerttheorie

Im Verständnis der neueren kognitivistischen und humanistischen Persönlichkeitspsychologie gilt das Selbst des Menschen zum einen als psychische Instanz, die nach Kohärenz und Integration in einer sozialen Umgebung strebt und sich prozesshaft weiterentwickelt; zum anderen ist das Selbst der Motor und die Energiebasis für die Aktualisierung der Verhaltens- und Erlebensmöglichkeiten des einzelnen Menschen. Es ist der Kern seiner Persönlichkeitsstruktur; in ihm wirken angeborene Bedürfnisse, Schemata, Erfahrungen, Ziele und Vornahmen zusammen und schaffen sein Identitätsbewusstsein. Für die Entwicklung des Selbst von entscheidender Bedeutung sind drei angeborene, grundlegende Bedürfnisse:

▷ das Bedürfnis nach Kompetenz und Wirksamkeit beim Ausführen von Handlungen
▷ das Bedürfnis nach Autonomie, d. h. sich selbst als wirksam, frei entscheidend oder mit entscheidend, als die Umwelt verändernd und als selbstbestimmt zu erleben
▷ das Bedürfnis nach sozialer Beziehung, nach sinnvollem Kontakt zu anderen Personen und nach Zugehörigkeit zu einer sozialen Gemeinschaft

Diese Bedürfnisse sucht der Mensch aus sich heraus – intrinsisch motiviert – zu befriedigen. Jedoch ermöglicht auch die extrinsische Motivation Selbstbestimmtheitserlebnisse, so wenn er bewusst einer Fremdmotivation folgt, um seine Selbstachtung nicht zu verlieren oder weil er sich mit einer als wertvoll erfahrenen oder erachteten Modellperson identifiziert (Deci/Ryan 1991). Die neuere Motivationsforschung, speziell deren humanistische Richtung, unterstützt diesen Gedankengang. Sie nimmt im Menschen ein angeborenes Bedürfnis, zu wachsen, seine Talente und Fähigkeiten zu entfalten und das eigene Potential möglichst auszuschöpfen, an – kurz: ein Grundbedürfnis nach Selbstverwirklichung. Wird er durch Angst oder Schuldgefühle nicht daran gehindert, ist er offen für neue Ideen und neugierig auf neue Erfahrungen. Im Sinne des kognitivistischen Theorieansatzes (vgl. G. Kelly, A. Bandura, W. Mischel) sind dafür weniger die Instinkte oder Triebe verantwortlich als vielmehr geistige Prozesse. Das Individuum ist an der Veränderung seiner Persönlichkeit aktiv beteiligt, aktiviert innere Kräfte, um sich weiterzuentwickeln oder Probleme zu bewältigen. Von besonderer Bedeutung für die Selbstverwirklichung ist die Erfahrung der Selbstwirksamkeit, das Gefühl, etwas zu können. Denn dieses Gefühl beeinflusst die Wahrnehmung, die Erwartungen und die Leistungsfähigkeit in herausfordernden Situationen. Dass es bei Handlungen zu einer Selbstbestätigung kommt, ist wiederum entscheidend für das Selbstkonzept und das Selbstwertgefühl eines Menschen. Gerade das Selbstwertgefühl, als die aus Erfahrungen mit sich selbst und der sozialen Umwelt gewonnene Wertung dem eigenen Selbst gegenüber, wirkt sich maßgeblich auf die eigene Stimmung, das eigene Verhalten, die Interpretation von Situationen und Handlungen anderer sowie die eigene Motivation aus (Gillich 1993).

Unter „Selbstwert" versteht man eine positive Grundeinstellung des Menschen zu sich selbst, bei der er sein eigenes Wesen, seine eigenen Anlagen und Fähigkeiten wertschätzt, sich selbst für wertvoll hält. V. Frankl, der Begründer der Existenzanalyse und Logotherapie, macht darauf aufmerksam, dass alle Werte, die jemand in den Situationen seines Lebens auffinden und realisieren kann, einen Grundwert zur Voraussetzung und Bedingung haben. Dieser Grundwert, den jeder von sich sagen und fühlen können sollte, heißt: Ich bin, und dass es mich gibt, ist gut! „Wer also nicht zumindest in Ansätzen sagen bzw. noch besser spüren kann: ‚Es ist gut, dass ich bin', hat nichts, womit er zu Werten, die außerhalb seiner Person liegen, in Beziehung treten könnte ... Ohne zumindest eine Ahnung von diesem Grundwert zu haben, können keine anderen Werte erspürt werden" (Waibel 1998, 110). Ein solches ursprüngliches emotionales Wissen um seinen eigenen Wert und seine personale Würde bildet sich beim Menschen entscheidend durch die Rückmeldungen und Spiegelungen, die er von den Menschen seiner Umgebung erhält. Die Wertvorstellungen der Lebensumwelt des Menschen beeinflussen sein Selbstwerterleben deshalb ebenso entscheidend, wie sie die Richtung seiner Wertorientierung vorgeben. Hinzu kommt noch, dass er sich selbst auch annehmen muss und sich so, wie er ist, wertschätzt. Schließlich muss er auch das Gefühl haben können, selbstbestimmt und aufgrund eigener Wahlfreiheit gestalten zu können. Gelingt es dem Menschen nicht, seinen Selbstwert aufzubauen, steigen der Einfluss der Triebe und die Gefahr der Manipulation durch andere.

Für die gelingende Persönlichkeitsentwicklung ist deshalb zum einen wichtig, über Mitmenschen zu erfahren, dass man wertvoll ist, und zum anderen, selbst Wertvolles zu schaffen. V. Frankl sieht dafür drei Möglichkeiten bzw. Arten: Erlebniswerte, schöpferische Werte und Einstellungswerte.

Bei *Erlebniswerten* verwirklichen sich die Werte über das Aufnehmen von Welt und über Begegnungen (Dinge, Menschen, Natur, Kunst, Musik, Literatur, Technik, Wissenschaft, Sport usw.). Im Gespräch, in der Arbeit, bei der Feier, in der Liebe zu einem anderen Menschen, in der Natur erlebt der Mensch tiefe Gefühle und kann dadurch innerlich nachvollziehen, dass dies für ihn wertvoll ist. Voraussetzung dafür sind allerdings Sinnesorgane, die dies wahrnehmen können, und die Bereitschaft, nicht zu konsumieren, sondern sich darauf einzulassen.

Bei *schöpferischen Werten* wird Realität erschaffen, greift der Mensch aktiv und kreativ in die Welt ein; er tut etwas, in seinem Beruf, in der Gemeinschaft mit anderen, in Kunst, Wissenschaft, Technik, Sport usw. Entscheidend ist dabei, wie er dies tut. Es geht hier nicht um Spektakuläres oder außergewöhnliche Leistungen, sondern um die Ernsthaftigkeit, die Hingabe, die Konsequenz und Ausdauer, mit der der Einzelne an die Arbeiten herangeht. Auf diese Weise lassen sie Sinn erfahrbar werden und empfindet der Einzelne in ihnen einen Wert für sich. Er erfährt dabei auch viel über sich selbst, was ihn freut, befriedigt, was ihm gut tut und was er gut kann usw.

Bei den *Einstellungswerten* handelt es sich um die Position des Menschen zu seiner speziellen Lebenssituation, seinen individuellen Besonderheiten und Einschränkungen. Besonders schwierig sind diese Werte bei Schicksalsschlägen, Leid, Schuld, Ausweglosigkeit, Tod oder Sinnlosigkeitsempfindungen. In solchen Situationen gilt es, den Weg aus der Traurigkeit, aus dem Warum hin zu der Zielfrage zu finden, wofür diese Situation „gut" ist. In Einschränkungen und Problemsituationen einen

Sinn sehen, nach neu eröffneten Möglichkeiten suchen, kann dem Menschen helfen, reicher zu werden, zu reifen und zu wachsen.
Daraus ergeben sich bestimmte Anforderungen an Eltern und Lehrer. Da Kinder und Jugendliche zu Sinn und Werten andere Zugangsweisen haben als Erwachsene und zudem jedes Kind und jeder Jugendliche diese individuell entwickelt, kann es nicht darum gehen, bestimmte Erziehungsideale umsetzen zu wollen. Wichtig ist vielmehr ein aktives Zuhören und Einfühlen in die Gedanken- und Gefühlswelt von Kindern und Jugendlichen. Ein fördernder Dialog sucht Kinder und Jugendliche aus sich selbst heraus zu verstehen, nimmt sie als Person wahr und ernst, lässt aber auch den Pädagogen als Person erleben. Des Weiteren ist darauf zu achten, dass sie im Unterricht Verantwortung für ihre eigenen Lernprozesse übernehmen können, also selbstbestimmt lernen. Schließlich gehören auch Grenzziehungen in die Erziehung zum Selbstwert, nicht als Verbote und Prinzipien, die den Willen der Kinder brechen wollen, sondern als Verhaltens- und Wertorientierungen, die von den Betroffenen als richtig befunden werden können und vom Verbietenden offen und ehrlich zu begründen sind.

4.3 Konsequenzen für die Unterrichtspraxis

So modern und allgemein akzeptiert die Redeweise, der Lehrer müsse „das Kind dort abholen, wo es steht“, auch sein mag, sie verkennt einen wichtigen Aspekt von Schule und Unterricht heute. Der Schüler – um im Bilde zu bleiben – soll gerade nicht warten, bis er abgeholt wird, sondern sich selbst in Bewegung setzen, und zwar in Richtung auf den Lernstoff und die Lernaufgaben. Eigeninitiative, Selbsttätigkeit, Mit- und Selbstverantwortung sind heute gefordert, die Abhängigkeit des Schülers vom planenden Lehrer kann nicht das Ziel sein. Vielmehr sollten die Schülerinnen und Schüler lernen, Herausforderungen wahr- und anzunehmen. Daraus ergeben sich einige Anforderungen an den Unterricht.

Mehr Wert auf die Wahrnehmungsschulung der SchülerInnen legen!

Herausforderungen müssen, um als solche wirksam zu werden, überhaupt wahrgenommen werden, und wahrgenommen wird nur das, was für einen selbst bedeutsam ist. Alle Lern-, Erkenntnis- und Erfahrungsprozesse beim Menschen basieren auf seiner Sinnlichkeit. Deshalb muss in der Schule die Sachwahrnehmung mit allen Sinen eingeübt und gefördert werden. Wahrnehmen ist allerdings mehr und anderes als bloßes Sehen; bei der Wahrnehmung sind nämlich verschiedene Sinne aufmerksamkeitsgesteuert beteiligt, das Sehen, das Hören, die Bewegung, das Schmecken, das Riechen, das Tasten sowie das Schmerz-, Lust- oder Unlustempfinden. Die mit allen Sinnen (im wahrsten Sinne des Wortes) be-griffene Welt ist die Grundlage für den verbalen Begriff. Deshalb spricht alles dafür, die Wahrnehmung der Kinder und Jugendlichen in der Schule nicht allein auf das Sehen und Hören zu konzentrieren, sondern in der Motorik, im handelnden Umgang mit der Realität und in der Kommunikation mit Aktionspartnern vertiefende Wirklichkeitserfahrungen zu ermöglichen. Denkt man an das Grundschulkind, so gelten hier Anschaulichkeit, Realitätsnähe, Berücksichtigung des kindlichen Tätigkeitsdranges und der spielerischen Umgangsweise seit langem als unbestrittene didaktische Leitlinie. Allerdings reichen auch beim Grundschulkind geschickt ausgewählte Visualisierungen des Lehrstoffs am Stundenbeginn nicht aus. Nicht nur der tätige Umgang mit den Sachen, Problemen oder zwischenmenschlichen Verhaltensweisen muss hinzukommen, sondern auch ein persönliches Betroffensein, das das Kind am Anfang spürt, das es dann kognitiv strukturiert bzw. aufarbeitet, um ihm schließlich in seinem Tun (d. h. sowohl im konkret-praktischen Handeln als auch im künstlerisch-gestaltenden Handeln) Ausdruck zu verleihen. Erst recht ist es ein Irrtum, zu meinen, die Wirklichkeitserfassung des Jugendlichen im Schulunterricht könne auf sinnliche und motorische Wahrnehmung verzichten und – allenfalls nach medialem Kurzeinstieg in Sachverhalte oder Probleme – gleich zu deren verbal-logischer und abstrakter Behandlung übergehen. Desinteresse und das Gefühl, Unterrichtsinhalte seien nur wegen des Prüfungsdrucks zu memorieren, hätten aber sonst wenig bis gar nichts mit ihnen persönlich zu tun, sind die Reaktion der Jugendlichen auf diese „Verkopfung" des Schullernens. Stattdessen wäre der Zugang zur Lebenswirklichkeit, die sich in jedem Unterrichtsinhalt verdichtet vorfinden lässt, erfolgversprechender über Wahrnehmungserfahrungen möglich. Denn diese bringen eine neue Qualität in den Erkenntnisprozess und zeigen eine andere Seite der Wirklichkeit, nämlich dass auch Empfindungen von Raum, Licht, Klang, Geruch, Farbe, Form, Bewegung, Konstanz, Veränderung, Ordnung, Chaos, Schönheit, Hässlichkeit, Begrenzung und Unbegrenztheit dazu gehören und ihr Recht haben, beachtet zu werden.

Im Unterricht muss daher stärker als bisher auf die Möglichkeiten sinnlicher Erfahrungsgewinnung bei Kindern und Jugendlichen geachtet werden. Da verschiedene Sinne des Menschen daran beteiligt, in ihrer Leistungsfähigkeit aber nicht unbedingt schon ausgebildet sind oder sogar durch die Mediennutzungsstile der Kinder und Jugendlichen beeinträchtigt sind, müssen sie von der ersten Jahrgangsstufe an gefördert werden. Die Unterrichtsplanung muss der Informationsaufnahme und Informationsverarbeitung durch alle Sinne im Unterrichtsverlauf besondere Beachtung schenken, das Sehen, Hören, Tasten, Riechen, Schmecken und Bewegen fördern, verfeinern, seinen Erfahrungsgehalt auswerten und seine spezifische Wirkung bei der Objekterfassung den Schülerinnen und Schülern bewusst werden lassen. Hinzukommen muss die praktische Umsetzung des sinnlich Wahrgenommenen in Text, Ton, Bild, Plastik oder Bewegung. Gerade diese „Rückübersetzung" der „Ich-Erlebnisse" in allgemein wahrnehmbare Formen macht das Besondere sinnlicher Weltrepräsentation im Unterschied zu rein verstandesmäßiger Vorstellung offenkundig.

Das Entstehen intrinsischer Motivation fördern!

Neueren Untersuchungen zufolge wird die intrinsische Motivation unterminiert,

▷ wenn Lerninteressierte zusätzlich extrinsisch belohnt werden (z. B. materiell oder durch Auszeichnungen),
▷ wenn Schüler unter Zeitdruck gesetzt werden,
▷ wenn ihnen Ziele aufgezwungen werden,

▷ wenn ihnen Bewertungen (Belohnungen oder Strafen) angekündigt und negative Feedbacks gegeben werden.

Positiv beeinflussend wirkt hingegen,

▷ wenn sie an den Tätigkeiten beim Lernen Freude und Spaß („Funktionslust") bekommen können (z.B. beim Einsatz von Spielen, aktivitäts- und gemeinschaftsorientierten Lernmaterialien); denn dann arbeiten sie mühelos und extrem konzentriert,
▷ wenn man ihnen Wahlmöglichkeiten in Bezug auf Art und Dauer der Aufgaben anbietet,
▷ wenn man ihnen eine optimale Anforderungsstruktur der Aufgabe präsentiert, also ein „optimal challenging". Das heißt: Zwischen dem Leistungsniveau des Schülers und den Anforderungen der Aufgabe muss eine Diskrepanz sein, die so beschaffen ist, dass sie ihn weder überfordert noch unterfordert, sondern herausfordert. Differenzierung und gelegentlich auch Individualisierung sind dafür notwendig (Csikszentmihalyi 1996, 248–252).
▷ wenn man ihnen gegenüber anerkennende Gefühle äußert und ihnen ein positives Feedback gibt,
▷ wenn Lehrer selbst vom Lernstoff angetan sind.

Alles, was ihr Bedürfnis nach Wirksamwerden, nach Autonomie und nach sozialer Zugehörigkeit befriedigt, fördert ihre Motivation, ganz gleich, ob sie von Anfang an schon Interesse an der Aufgabe hatten oder es erst aufgrund externer Aufforderung entwickeln.
Profunde Kenntnis der eigenen Disziplin, eine klare Strukturierung der Aufgabe, Wissen um deren Bedeutsamkeit für die gegenwärtige oder zukünftige Lebensbewältigung und Verständnis für die Lage und Lernweise der Kinder/Jugendlichen fördern deren Motivation mehr als noch so ausgeklügelte Unterrichtseinstiege.

Lernsituationen aus dem Problem- und Erfahrungshorizont der SchülerInnen nehmen!

Ohne Frage spielt die Motivation für das Lernen in der Schule eine wichtige Rolle. Doch geht sie meist vom Lehrer aus, und deshalb ist wichtiger als sie, dass bei den Schülerinnen und Schülern Interesse aufgebaut und die Interessenbildung systematisch gefördert wird. Interesse ist neueren pädagogischen Untersuchungen zufolge eine besondere Qualität der Beziehung von Menschen (Subjekten) zu bestimmten Sachverhalten (Gegenständen), und zwar „eine Beziehung, in der das Subjekt versucht, erkennend, die Eigenart des Gegenstandes verstehend, ihn sich zu erschließen und dabei selbst Bereicherung zu erfahren" (Schiefele/Krapp 1990, 11; vgl. auch Schiefele/Prenzel 1991). Was in der Didaktik nötig wäre, ist die Ermöglichung selbstbestimmter Formen der Interessenbildung bei den Schülern, und zwar dadurch, dass man eine möglichst breite Palette von Gegenstandsbezügen herstellt bzw. auf Vorschlag oder als Beitrag der Schüler zulässt sowie die Grundsätze der Unterrichtsdifferenzierung, der Orientierung an der Lebenswelt der Schülerinnen/Schüler und der Aktivierung bzw. der Ermutigung zur selbstständigen Gestaltung des Unterrichts beachtet. Gerade Lernsituationen, die dem Problem- und Erfahrungshorizont der Kinder und Jugendlichen entnommen sind, fördern deren

Tätigkeitsdrang, Problemlösungsinteresse, Kreativität und Reflexion. Die Schüler müssen Gelegenheit bekommen, ihre gelebte Alltagskultur in der Schule zu thematisieren und reflexiv aufzuarbeiten. Sie müssen mit ihren Erfahrungen im Unterricht aktiv und argumentativ einbezogen, wirklich ernst genommen werden. Denn ihre „Subkultur“ ist ihr maßgeblicher Erfahrungsraum mit der Gesellschaft und deren kulturellen Objektivierungen. Hier machen sie eigenständige Ersterfahrungen mit der Gesellschaft und mit ihrem selbstständigen Handeln in ihr; hier erwerben sie persönliche und kulturelle Kompetenzen, erleben sich von den gesellschaftlichen Handlungsmöglichkeiten und ihren Lebensumständen fasziniert, manchmal überfordert und oft enttäuscht. Diesen Primärerfahrungen Raum für Darstellung, Disput und Aufarbeitung zu geben, erscheint als die einzig Erfolg versprechende Möglichkeit zur Resubjektivierung des kritischen Potentials und der humanen Implikationen der abendländischen Kultur, in der sie selbst leben. Die Konsequenz für die Schule lässt sich wie folgt zusammenfassen: Enkulturation sollte nicht nur über die vom Lehrer oder Schulbuch getroffene Auswahl von Lerninhalten oder Lernzielen angestrebt werden, sondern auch über das Aufarbeiten der Schülerkultur sowie durch kulturelles Tun der Schüler; Kulturaneignung sollte also durch Erschließen und Bewusstmachen vorfindlicher Kulturgüter einerseits und durch schülerinitiiertes kulturelles Handeln andererseits erfolgen.

Lehrergesteuerten, lehrgangsorientierten Unterricht mit offenem Unterricht verbinden!

Seit mehr als 10 Jahren favorisiert die deutsche Fachliteratur zur Unterrichtsmethodik den offenen Unterricht und empfiehlt ihn als die Unterrichtsform, die den Bedürfnissen der Schülerinnen/Schüler am meisten gerecht wird. Trotz unterschiedlicher Akzentuierungen im Einzelnen ist die Definition von W. Wallrabenstein zum offenen Unterricht heute allgemein akzeptiert: „Offener Unterricht ist ein Sammelbegriff für unterschiedliche Reformansätze in vielfältigen Formen inhaltlicher, methodischer und organisatorischer Öffnung mit dem Ziel eines veränderten Umgangs mit dem Kind auf der Grundlage eines veränderten Lernbegriffs“ (1993, 54). Charakteristische Merkmale des offenen Unterrichts im Unterschied zu anderen Unterrichtsformen sind, dass er

- ▷ sich den Fragen und Interessen der Beteiligten öffnet
- ▷ sich der Verschiedenheit der Schüler und Schülerinnen öffnet
- ▷ sich für Alltagserfahrungen öffnet und das Lernen an außerschulischen Lernorten ermöglicht
- ▷ sich um eine Schüler aktivierende und handlungsorientierte Methodenvielfalt bemüht
- ▷ die Mündigkeit der Schüler/Schülerinnen durch Selbstständigkeit und Selbstverantwortung fördert
- ▷ Lernen über Fächergrenzen hinaus praktiziert
- ▷ die Bedeutsamkeit des Lernens erfahrbar macht
- ▷ aus Lehrenden Lernberater und Lernhelfer macht
- ▷ ein mehrdimensionales Verständnis von Leistung zugrunde legt (Leistung als fachliches Wissen und Können, als sozialkommunikatives Verhalten, als Kompe-

tenz in Lernmethoden/Arbeitstechniken/Lernstrategien sowie als Ichkompetenz in Bezug auf Selbsterfahrung und Selbstbeurteilung) und Formen der Leistungskontrolle einsetzt, die diesem gerecht werden (Bastian 1995).

Dem offenen Unterricht liegt ein erweiterter Lernbegriff zugrunde, der fachlich-inhaltliches Lernen ebenso umfasst wie methodisch-strategisches, sozial-kommunikatives und affektives Lernen (Klippert 1998). Zur „Natur“ des offenen Unterrichts gehört das selbstständige Lernen, bei dem sich die Schülerinnen/Schüler selbst Ziele setzen, Aufgaben auswählen, ihre Lernzeit selbst einteilen, das eigene Lernzielniveau einschätzen, die erbrachte Leistung selbst kontrollieren, aus Fehlern lernen sowie über Arbeits- und Lerntechniken verfügen. Sie entwickeln Neugier und Interesse, Experimentierlust, Kreativität und Fantasie, lernen, sich zu konzentrieren und mit anderen zusammenzuarbeiten. Im Unterschied zum Lernen in anderen Unterrichtsformen ist es hier eher ein inzidentelles, situatives, Fächer übergreifendes und „unsystematisches“ Lernen, das die Wahrnehmung wichtig nimmt und die Schüler auch zeitvergessen arbeiten lässt.
Entgegen anfänglicher Vorstellungen hat sich seit einigen Jahren unter dem Druck empirischer Untersuchungen (vgl. Jürgens 1996; Jürgens 1997) die Meinung durchgesetzt, dass offener Unterricht seine positiven Lern- und Verhaltenseffekte nur in Verbindung mit lehrergesteuertem, lehrgangsorientiertem Unterricht entfalten kann. Damit ist keineswegs der Frontalunterricht gemeint, bei dem der Lehrer allen Schülern gleichzeitig ein von ihm vorüberlegtes Stoffpensum auf verbale Weise vermittelt und bei dem die Schüler zu passiven Informationsempfängern gemacht werden. Lehrergesteuerter Unterricht beinhaltet zwar die Lenkung der Informationsvermittlung durch den Lehrer, ist aber in methodischer Hinsicht schülerorientiert. Aufgabe des Lehrers ist es hier, dafür zu sorgen, dass sich die Schüler trotz ihrer unterschiedlichen Lernbedingungen auf aktive Weise die für den Aufbau ihrer Kompetenzen notwendigen Lerninhalte aneignen können. „Das setzt voraus, dass der Unterrichtende die Lern- und Leistungsunterschiede seiner Schüler kennt, wahrnimmt, kompetent diagnostiziert und in seinem pädagogischen Verhalten berücksichtigt“ (Weinert 1999, 10). Er muss also seinen Unterricht gründlich und unter Berücksichtigung von Differenzierung und Schülerselbstständigkeit planen und während des Unterrichts mit großem pädagogisch-didaktischen Geschick vorgehen. Der geregelte Aufbau von Wissen, Einstellungen und Können verlangt nach solchem lehrergesteuerten Unterricht, der in der Regel lehrgangsorientiert ist. Unter einem Lehrgang versteht man eine kontinuierlich aufbauende Unterrichtseinheit, bei der Unterrichtsziele und Unterrichtsinhalte für die ganze Lerngruppe geplant und didaktisch aufbereitet werden. Lehrgänge sollen den Schülerinnen/Schülern zu einer systematisch geordneten Sach- und Methodenkompetenz verhelfen und entsprechen sowohl den fachwissenschaftlichen Anforderungen der Unterrichtsfächer und Lerninhalte als auch den Aufgaben, die die Schule für die Gesellschaft erfüllt (vgl. bes. Qualifikation und Enkulturation). Lehrgänge können auf unterschiedliche Weise konzipiert sein:

▷ als linearer Lehrgang mit dem Ziel einer progressiven Erweiterung von Kenntnissen und Fertigkeiten (Bild: Straße) wie z. B. der Leselehrgang

- ▷ als aufbauender Lehrgang mit anwachsendem Schwierigkeitsgrad (Bild: Treppe) und mit größer werdender Komplexität (Bild: Schachteln) wie z. B. im Mathematikunterricht
- ▷ als sich konzentrisch erweiternder Lehrgang mit jeweils höherem Verständnisniveau (Bild: Spirale) wie z. B. bei naturwissenschaftlichen Themen, die in der Grundschule, der Sekundarstufe I und der Sekundarstufe II behandelt werden
- ▷ als exemplarisch vorgehender Lehrgang mit dem Ziel, Einzelprobleme/-phänomene/-fragestellungen vertieft bearbeiten zu lassen und das Ergebnis – orientierend – auf vergleichbare Tatbestände zu transferieren (Bild: Hochplateaus) wie z. B. die Daseinsgrundfunktionen im Heimat- und Sachkundeunterricht
- ▷ als Nacheinander fachspezifischer oder Fächer übergreifender Unterrichtseinheiten zu Grundfragen/Grundproblemen der Wissenschaft oder des Menschen (Bild: Reihe von aneinander gekoppelten Kisten) wie z. B. in den Kursen der Sekundarstufe II.

Wie wichtig das lehrergesteuerte, lehrgangsorientierte Lernen ist, belegen wissenschaftliche Untersuchungen über die Sachkompetenz der Schülerinnen/Schüler. Der Erwerb komplexer Kenntnisse und das Verstehen inhaltlich schwieriger Zusammenhänge ist nämlich beim Lernenden von der Verfügbarkeit relevanten Vorwissens abhängig. Das relevante Vorwissen ist die wichtigste Ressource, wobei mit Vorwissen ebenso die Qualität der gespeicherten Information (z. B. ob es sich nur um Faktenwissen handelt) gemeint ist wie dessen mentale Repräsentationsmodi (ikonisch, verbal, handlungsbezogen) und das Niveau der damit zu realisierenden Operationen (z. B. konventionell, intelligent, kreativ). Das Aktivieren der Schemata des Vorwissens bei den Schülern und die direkte Lenkung ihrer Wahrnehmungsaktivitäten sind deshalb entscheidend für erfolgreiches Lernen und Problemlösen.

SchülerInnen ihre Belange selbst regeln lassen!

Der amerikanische Pädagoge und Philosoph J. Dewey (1859–1952) vertrat schon Anfang dieses Jahrhunderts die Auffassung, Schülern (wie allen Menschen!) sollte das Recht eingeräumt werden, ihre Angelegenheiten selbst zu regeln oder zumindest dabei mit zu entscheiden. Nur so könnten sie lernen, dass sie für sich und andere verantwortlich seien und dass es sich lohne, sich für eine Verbesserung der Lebensumstände einzusetzen. Folgt man dieser Idee in der Schule, kommt es für die Schülerinnen und Schüler zu einer Herausforderung sowohl durch Verantwortlichkeiten als auch durch andere Menschen. Dazu einige Beispiele:

▷ **Der Klassenrat**
Der Klassenrat ist eine Möglichkeit, die Schüler sowohl an der Unterrichtsplanung als auch an der Lösung von Problemen der Klasse verantwortlich zu beteiligen. Er ist eine Institution, bestehend aus allen Schülerinnen und Schülern der Klasse und der Klassenleitung, und tritt bei Bedarf zur Diskussion, Beratung und Beschlussfassung zusammen; im Wochenstundenplan sollte dafür an einem bestimmten Tag eine feste Zeit

vorgesehen sein (etwa 30 Minuten). Die Tagesordnungspunkte der jeweils nächsten Sitzung des Klassenrates, d. h. die Themen und Probleme, über die zu verhandeln ist, werden entweder in einer Wandzeitung oder in einem in der Klasse ausliegenden Heft namentlich gezeichnet eingetragen. Den Vorsitz der Klassenratssitzung hat die Lehrkraft; sobald die Schüler dazu in der Lage sind, den Vorsitz zu übernehmen, treten sie an deren Stelle. Im Klassenrat gelten für alle Beteiligten dieselben Gesprächsregeln, die Verpflichtung zur Sachlichkeit und das Recht eines jeden, Rückfragen zu stellen. Die Lehrkraft hat zusätzlich die Aufgabe, durch geeignete Fragen Probleme besser durchschauen zu helfen und die Schüler zu Lösungsvorschlägen zu animieren. Alle Lösungen müssen praktikabel und von den Betroffenen auch akzeptiert sein. Der Beschluss der Klasse, der – wenn irgend möglich – einstimmig sein soll, wird in ein Protokollbuch eingetragen. Zu Beginn einer jeden Klassenratssitzung wird zuerst überprüft, ob die Vereinbarungen der letzten Sitzung ausgeführt worden sind. Aus Erfahrungen weiß man, dass der Klassenrat bereits ab dem ersten Grundschuljahr eingerichtet werden kann. Die Schüler lernen hier nicht nur, sich über ihre Meinungen klar zu werden und sie zu vertreten, sondern auch Konflikte auf ihre Ursachen zu analysieren, sich in das Denken und Fühlen der Klassenkameraden hineinzuversetzen und eigene Fehler einzusehen (Kleinert 1993, 129 f.).

▷ **Projekt „Schüler helfen Schülern"**

Sowohl im Unterricht als auch außerhalb des Unterrichts können Schülerinnen und Schüler als Tutoren für ihre Mitschüler tätig werden. Gleichaltrige oder auch ältere Schüler können im Unterricht anderen Schülern helfen, den Lernstoff besser zu verstehen und behalten zu können. Die passende Sozialform ist der Partnerunterricht, wobei die Tutoren über didaktische und soziale Kompetenzen verfügen sollten. Nicht nur leistungsstarke Schüler sind dazu geeignet, denn das entscheidende Merkmal des tutoriellen Lernens ist nicht nur die Lernhilfe durch Altersgenossen oder andere Schüler derselben Schule, sondern auch das Lernen durch Lehren. Die Vorteile sind unverkennbar: Die Tutoren lernen, Verantwortung zu übernehmen, sich den Unterrichtsstoff so anzueignen, dass sie ihn anderen vermitteln können, und mit anderen Schülern leistungsbezogen zu interagieren. Die Mitschüler lernen, Lerninhalte durch Fragen und im Gespräch abzuklären, machen die Erfahrung, dass ein anderer Schüler sich um ihren Leistungsfortschritt bemüht und dass sich der Lernstoff auch auf andere Weise und in einer anderen Sprache ausdrücken lässt als in der Lehrer- und Schulbuchsprache. Das fördert das Selbstwertgefühl des einen wie des anderen. Gefördert werden, wie empirische Untersuchungen seit langem belegt haben, darüber hinaus die Lernmotivation und die Leistungsfähigkeit beider Schüler (vgl. Feldmann 1980). Außerunterrichtlich können Schüler als Tutoren für jüngere Mitschüler eingesetzt werden (z. B. durch Patenschaften der Viertklässler über die Erstklässler), als Lernhelfer, wenn Schüler eine Zeitlang krankheitsbedingt dem Unterricht fernbleiben mussten, als Leiter von freiwilligen Arbeitsgemeinschaften und Kursen, als Mitorganisatoren von Klassenveranstaltungen unterer Klassen sowie als Hausaufgaben- und Freizeitbetreuer.

▷ **Das Streitschlichterbüro**
Mithilfe von Mediation (= Vermittlung bei Konflikten durch Unparteiische) können Schülerinnen und Schüler eigenverantwortlich an der Lösung von Konflikten und Streitigkeiten in der Schule mitwirken. Ein Beispiel dafür, wie das geschehen könnte, ist das Streitschlichterbüro. Untergebracht in einem kleinen Raum der Schule und zu festen Zeiten am Tag (z. B. in der großen Pause) geöffnet, kann es die Anlaufstelle für Schüler sein, die miteinander im Streit liegen oder unter denen es Konflikte gibt. Die Schüler können von sich aus dorthin gehen, sie können aber auch vom Lehrer dorthin geschickt werden. In jedem Falle ist es Aufgabe des Streitschlichters in diesem Büro, den Konflikt regulieren zu helfen, bevor und ohne dass die Schule disziplinarische Maßnahmen ergreift. Geleitet wird das Büro von einem Team von Schülern, die sich für die Aufgabe als Streitschlichter zur Verfügung stellen. Sie wurden in besonderen Kursen dazu ausgebildet, Konflikte analysieren zu können, geeignete Kommunikationstechniken zu beherrschen, Empathie und Täter-Opfer-Beziehungen zu entwickeln, Vereinbarungen auf ihre Realisierbarkeit einzuschätzen und sie ausformulieren zu können. Sie besprechen als Neutrale mit den Kontrahenten den Konfliktfall, handeln mit ihnen eine einvernehmliche, praktikable und verpflichtende Lösung aus, ohne dass dabei „von oben“ (von der Klassen- oder Schulleitung) eingegriffen wird. Bei der Mediation gehen sie in fünf Schritten vor:

1. Begrüßung, Klärung des Verfahrens und Erläuterung der Ziele
2. Die Streitenden berichten aus ihrer Sicht über den Vorfall; der Streitschlichter fragt nach, klärt Zusammenhänge ab und fasst den tatsächlichen Streitfall zusammen.
3. Der Streitschlichter findet durch einfühlsames Nachfragen die Emotionen und Motive der Konfliktpartner heraus, ohne sie zu kommentieren oder seine eigene Meinung dazu zu sagen.
4. Brainstorming zu möglichen Lösungen des Problems, Diskutieren der Vorschläge, Überprüfen ihrer Realisierbarkeit und gemeinsames Suchen nach einem möglichen Kompromiss
5. Unter Leitung des Streitschlichters wird eine vertragliche Vereinbarung getroffen, die schriftlich abgefasst, noch einmal vorgelesen und von allen Beteiligten durch Unterschrift bestätigt wird.

Gelingt die Konfliktregelung nicht bei der ersten Sitzung im Streitschlichterbüro, so können sich weitere anschließen. In jedem Falle sucht der Mediator als neutrale dritte Person in weiteren Anläufen mit den Konfliktparteien nach einer Lösung, bei der es keine Verlierer gibt, die vielmehr zu einer Verbesserung der gegenseitigen Beziehungen der Beteiligten führen soll (Win-win-Verfahren) (Faller 1994; Reuter-Biehlig 1998).

Zur Leistung erziehen!

Die Verhaltensbiologie sagt, dass man in Unterricht und Erziehung zum Zweck einer Zielerreichung weder auf Anstrengungen und Triebaufschub noch auf Wettbewerbssituationen verzichten dürfe. Die Ethnologie belegt, dass die Entwicklung der Menschheitsgeschichte zu höheren und humaneren Zivilisationsformen nur gelingt, wenn die Gesellschaftsmitglieder bereit sind, Leistung zu erbringen; Pädagogen und Psychologen wissen aber auch unzählige Schülerinnen und Schüler zu nennen, die durch den Leistungsdruck der Schule große Probleme bekommen haben. Zwar kommen die Kinder mit hoher Leistungs- und Lernmotivation in die Schule, das Selbstkonzept der eigenen Tüchtigkeit nimmt aber dann recht schnell ab. Da jedes Kind und jeder Jugendliche etwas leisten will und die Gesellschaft nicht auf Leistungserbringung verzichten kann, muss die Schule den Blick verstärkt auf die Leistungserziehung richten, statt sich vorrangig um die Leistungsbeurteilung und Selektion zu kümmern. Unter Leistungserziehung versteht man das Bemühen der Lehrer, die Bereitschaft und Fähigkeit der Schülerinnen/Schüler zu fördern, ihr eigenes Leistungsverhalten zu entwickeln und zu verbessern. „... Leistungserziehung hat zur Aufgabe, dem einzelnen Schüler in seiner Ganzheit zu seiner je individuellen Ich-, Sozial- und Sachkompetenz zu verhelfen – im Sinne einer Selbstentfaltung der Eigenkräfte des Kindes“ (Preuß 1994, 71). Dabei lernt der Schüler seine Energie- und Fähigkeitspotentiale kennen und wie er sie einsetzen kann, er merkt, dass durch deren Einsatz sein Selbstkonzept beeinflusst wird, er macht die Erfahrung, dass sich Anstrengungsbereitschaft und Lust zum Lernen (meist) positiv auf das Lernergebnis auswirkt, er begreift, dass sein Lernen auch mit seinem Platz in der Gemeinschaft der Mitschüler zu tun hat, und nimmt wahr, dass er möglicherweise anders lernt (besser, schneller, schlechter, langsamer usw.) als seine Mitschüler. Im Schulunterricht müssen Erfahrungen dieser Art aber gemacht werden können, ohne dass der Schüler in seinem Selbstkonzept Schaden leidet. Deshalb steht eine gelingende Leistungserziehung unter drei Prämissen: Erstens muss der Unterricht differenziert werden, damit das Lernen nicht mit permanenten Negativerfahrungen belastet und die Erziehung zur Leistungsbereitschaft dadurch verhindert wird. Zweitens muss die Vermengung von Lernaktivitäten und Leistungsanforderungen aufhören; Schüler, die sich bei ihrem Wissens- und Könnenserwerb permanent kontrolliert und beurteilt fühlen, können nicht unbefangen und ohne Angst vor Fehlern lernen. Es muss also eine klare Trennung zwischen einer Phase des Lernens und einer solchen der Lernüberprüfung geben. Drittens darf sich die Schule bei der Bewertung der Schülerleistungen nicht auf die soziale Bezugsnorm der

Klasse beschränken, wenn ihr die Leistungserziehung wirklich wichtig ist. Zwar ist sie nötig, um den Schüler eine realistische Einschätzung seines Leistungsergebnisses im Kontext seiner Lerngruppe gewinnen zu lassen, sie ist aber zugleich für einen Teil der Schüler auch Grund für eine tiefe und andauernde Frustration, wenn sie nämlich trotz erheblicher Anstrengung ihr Ergebnis im Klassenvergleich nicht verbessern können. Deshalb muss zu der sozialen Bezugsnorm die individuelle Bezugsnorm hinzukommen. Wird bei der Leistungsbeurteilung neben dem sozialen auch der individuelle Maßstab angegeben, so erhält der einzelne Schüler damit eine Rückmeldung, „dass sich eigene Anstrengung lohnt, dass persönliche Leistungsverbesserungen wahrgenommen werden, auch wenn man (er) damit nicht oder noch nicht die anderen überflügeln kann" (Weinert 1999, 9).

Schluss

Eine neue Didaktik

Die Theoriediskussion in der Allgemeinen Didaktik, die mehr als zwei Jahrzehnte lang stagnierte und fast nur die „didaktischen Klassiker" wie die Modelle von W. Klafki, P. Heimann/G. Otto/W. Schulz und R. Winkel tradierte, ist seit einigen Jahren wieder in Bewegung gekommen. Anlass dazu gaben sowohl die veränderten Lebensbedingungen der SchülerInnen, die sich in Unterricht und Schule erschwerend bemerkbar machten, als auch neuere wissenschaftstheoretische und sozialwissenschaftliche Konzeptionen wie der Konstruktivismus, die Systemtheorie oder die dialektische Interaktionstheorie. Derzeit vollzieht sich in der Didaktik ein Perspektivenwechsel, weg von einer „objektiven" Didaktik, die Unterricht als vom Lehrer geplante Vermittlung ausgewählter Kulturinhalte versteht, hin zu einer „subjektiven" Didaktik, die Unterricht als Ermöglichung individueller Konstruktions-, Rekonstruktions- und Dekonstruktionsprozesse beim Schüler sieht (vgl. E. Kösel 1995). Das stellt die didaktische Theoriebildung vor folgende neue, grundsätzliche Fragen:

- ▷ Wie lässt sich in der Didaktik theoretisch fassen, dass das Lernen bei jedem einzelnen Schüler ein individueller, dynamischer und selbstaktiver Aufbau von Strukturen des Denkens, Fühlens, Wollens und Könnens ist?
- ▷ Wie lässt sich in der Didaktik theoretisch fassen, dass die Entwicklung dieser Strukturen nur über sinnhafte Kommunikation und Eigenaktivität des Schülers erfolgt, von außen ergehende Anforderungen und Anregungen sie also nur auslösen, nicht aber sicher bewirken können?
- ▷ Wie lässt sich in der Didaktik theoretisch fassen, dass die Aneignung von Lehrinhalten nie allein durch die Kognition, sondern immer zugleich mit der Emotion, der Motorik, der Volition und der Körperlichkeit des Schülers geschieht?
- ▷ Wie lässt sich in der Didaktik theoretisch fassen, dass die Schule infolge der Enkulturationsaufgabe, die die Gesellschaft ihr zugewiesen hat, jedem Schüler einen Bestand gemeinsamer Grunderfahrungen und Grundkenntnisse abverlangen muss?
- ▷ Wie lässt sich in der Didaktik theoretisch fassen, dass nicht jeder Schüler jederzeit willens und in der Lage ist, von sich aus die eigentlich erforderlichen selbstaktiven Konstruktionsleistungen des Lernens zu vollziehen?

Eine Didaktiktheorie, die auf diese Fragen eine Antwort geben soll, muss drei Kennzeichen aufweisen: Sie muss *systemisch-konstruktivistisch, ästhetisch-interaktionistisch* und *personalistisch-bildungstheoretisch* konzipiert sein. Aus Systemtheorie und Konstruktivismus entnimmt diese Didaktiktheorie die Vorstellung vom lernenden Schüler als einem unter den Bedingungen der ihn umgebenden Systeme sich selbst organisierenden Kind oder Jugendlichen. Die neuere Ästhetik steuert den Aspekt bei, dass es beim Erwerb von Weltverständnis auf ästhetische Erfahrung ankommt, die subjektbezogen und ganzheitlich ist und durch Interaktionen transparent, rational und diskursiv gemacht werden muss. Dem personalistisch-bildungstheoretischen Denken verpflichtet sich diese Didaktiktheorie insofern, als sie anerkennt, dass alles unterrichtliche Tun dem Schüler bei der Entwicklung seiner individual-sozialen Persönlichkeit helfen will; durch bestimmte Lerninhalte und Lernmethoden, durch Person-Person-Interaktion und arrangierte Lernanlässe soll er zu einem besseren Verstehen der Welt, seiner selbst und anderer Menschen sowie zu einer engagiert-humanen Weltgestaltung gelangen. Die Bedingung der Möglichkeit solcher Zielsetzungen ist allerdings, dass es zwischen Lehrenden und Lernenden grundständige Gemeinsamkeiten bei der Auslegung der Welt, bei Verhaltensweisen und Erkenntnistechniken gibt. Aufgrund der sozialen Evolution, der geistigen Struktur und der Sprachkompetenz des Menschen kann dies als gegeben betrachtet werden, zumindest bei Angehörigen eines gemeinsamen Kultur- und Sprachraumes.

Die drei Kennzeichen einer neuen Didaktik

systemisch-konstruktivistisch	ästhetisch-interaktionistisch	personalistisch-bildungstheoretisch
Der Schüler/die Schülerin ist ein personales Handlungssystem, das sein Wissen, Fühlen und Handeln auf individuelle Weise konstruiert (aufbaut).	Der Schüler/die Schülerin erwirbt sein/ihr Bild von der Welt ganzheitlich, d. h. mit den Sinnen, der Körperlichkeit und dem Intellekt. Er/sie braucht dazu die Konfrontation und den Dialog mit Mitschülern, Lehrern und anderen Menschen seiner/ihrer Umwelt.	Jeder Schüler/jede Schülerin kann sich immer nur selbst bilden und die eigene Persönlichkeit ausprägen, denn Bildung erlangt man durch Lernen. Dazu benötigt er/sie strukturierte Lernaufgaben und Möglichkeiten, Erfahrungen mit sich selbst, mit anderen Menschen und mit herausfordernden Problemstellungen zu machen.

In der neuen Didaktik kann der Lehr-Lern-Prozess nicht mehr als vom Lehrer initiierte Vermittlung eines Sachverhalts an die Schüler gesehen werden. Lehrer und Schüler interagieren vielmehr als personale Handlungssysteme, die wechselseitig über ihre Wahrnehmungsorgane, ihre Emotionalität, ihre Kognition und ihre Körperlichkeit aus dieser Interaktion Bedeutung und Sinn für sich selbst konstruieren. Ob diese Konstruktionen zutreffend sind, klärt sich entweder durch die Sachgesetzlichkeiten des Lernstoffs oder auf dem Weg über die Kommunikation/Interaktion mit dem Lehrer und den Mitschülern. Bei den Lehrinhalten, die für den Aufbau von Welt- und Selbstverstehen als besonders geeignet und notwendig gelten und deswegen verpflichtend zu unterrichten sind, bleibt es die Aufgabe des Lehrers, eine – möglichst aus der Perspektive der Schüler und in Absprache mit ihnen – fundierte didaktische Aufbereitung vorzunehmen. Dabei ist für ihn heute wichtiger denn je,

- ▷ Schülerinnen und Schüler in allen Phasen des Lernprozesses ihre Vorkenntnisse, Einstellungen und Erwartungen dazu artikulieren zu lassen (Orientierung und Verständigung über Lerninhalte, Lernziele, Lernmethoden und Lernmedien)
- ▷ die Vorstellungen und Vorschläge zum Lernweg, die sie machen, aufzugreifen (didaktische Mitgestaltung)
- ▷ an sie Lehraufgaben zu delegieren wie z. B. etwas erklären, vormachen, vortragen, in ein neues Thema einführen, Lerninhalte abfragen, Lernhilfen geben, Denkprozesse aufbauen und erfragen lassen, Fehleranalysen durchführen, in ein neues Themengebiet einführen lassen usw. (Lernen durch Lehren)
- ▷ sie zu einer vertieften Wahrnehmung anzuhalten und sie den Lernstoff mehrperspektivisch und handlungsorientiert aufnehmen zu lassen (Lernen mit allen Sinnen und durch Tun)
- ▷ den Aufbau ihrer Reflexions- und Kommunikationsfähigkeit sowie ihrer methodischen Kompetenzen zu unterstützen (Förderung der Fragekultur, Dialogfähigkeit und Methodenkompetenz).

Bei der Unterrichtsvorbereitung sollte sich der Lehrer daher folgende Fragen stellen und seine Antworten anschließend mit den Schülerinnen/Schülern durchsprechen:

- ▷ Was steht zu diesem Unterrichtsthema im Lehrplan?
- ▷ Was ist für die SchülerInnen an diesem Thema interessant, neu, schwer, leicht, wichtig? Was erwarten sie für sich von einem solchen Thema, was können sie selbst dazu beitragen?
- ▷ Welche Einstellung habe ich selbst zu diesem Thema, welche Vormeinung haben die Schüler dazu?
- ▷ Warum sollen die Kinder/Jugendlichen dieser Klasse sich meiner Meinung nach mit dem Thema befassen?
- ▷ Welche Möglichkeiten für ein ganzheitliches Lernen, für Fächer übergreifendes Lernen und für eine Kooperation mit außerschulischen Personen/Institutionen bietet das Thema?
- ▷ Was genau sollen die SchülerInnen am Ende der Stunde besser, anders oder neu wissen, empfinden oder können, und wie lässt sich ihr Lernzuwachs feststellen?
- ▷ Welche Aspekte des Themas können die SchülerInnen sich selbst erarbeiten, welche können nur durch den Lehrer/die Lehrerin vermittelt werden?
- ▷ Welche Möglichkeiten zur Unterrichtsdifferenzierung und Berücksichtigung der individuellen Lernwege der Schüler bietet das Thema?
- ▷ Welche Ziel-Inhaltsaspekte des Themas verlangen eine lehrergesteuerte direkte Instruktion, welche ein offenes, handlungs- oder projektorientiertes Vorgehen?
- ▷ Auf welche Weise kann der Sachverhalt so an die SchülerInnen herangebracht werden, dass sie merken, es geht hier um eine für sie und andere Menschen wichtige Sache?

In größerem Umfang sollten die Schülerinnen und Schüler aber auch selbst Vorschläge für Lernstoffe, Lernziele, Lernmethoden und Lernmedien einbringen können. Aufgabe des Lehrers wäre es dann, zusammen mit ihnen die didaktische Qualifizierung ihrer Vorschläge als Lerngegenstand transparent zu machen und dafür Sorge zu tragen, dass die Schüler daran bildend lernen können. Er berät sie bei der eigenverantwortlichen Ausführung von Lernvorgängen und begleitet sie dabei mit seiner wissenschaftlichen, didaktischen und pädagogischen Kompetenz. In der allgemeinbildenden Pflichtschule kann es allerdings nicht nur informellen Angebotsunterricht geben, bei dem die Schüler völlig frei entscheiden, ob sie etwas und ggf. was sie sich erarbeiten wollen. Solche Beliebigkeit ist mit dem Bildungs- und Erziehungsauftrag der Schule als Institution der Gesellschaft nicht vereinbar.

Anhang

Literaturverzeichnis

Baacke, D.: Die 13- bis 18jährigen. Weinheim u. a. 1992

Baacke, D.: Die 6- bis 12jährigen. Weinheim u. a. 1993

Baacke, D.: Jugend und Jugendkulturen. München 1987

Bach, H./Knöbel, R./Arenz-Morch, R./Rosner, A.: Verhaltensauffälligkeiten in der Schule. Statistik, Hintergründe, Folgerungen. Mainz 1992 (3. Aufl.)

Bandler, R.: Veränderung des subjektiven Erlebens – Fortgeschrittene Methode des NLP. Paderborn 1988

Balgo, R.: Lehren und Lernen. In: Pädagogik, H. 7–8, 1988, S. 58–62

Barthelmes, J.: Kindliche Weltbilder und Medien. Eine Literaturanalyse zur Mediensozialisation. Weinheim 1987

Bastian, J.: Offener Unterricht. In: Pädagogik 12 (1995), S. 6–11

Bäuml-Rossnagl, M.-A.: Leben mit Sinnen und Sinn: Wege in eine zeitgerechte pädagogische Soziologie. Regensburg 1990

Beck, Ch.: Ästhetisierung des Denkens. Zur Postmoderne-Rezeption der Pädagogik. Bad Heilbrunn 1993

Beckers, E.: Vom Gang des Bewußtseins und dem Schwinden der Sinne. Bd. 1 u. 2. St. Augustin 1995/1997

Behnken, I./Jaumann, O. (Hrsg.): Kindheit und Schule. Weinheim 1995

Beisenherz, G.: Schule in der Kritik der Betroffenen. München 1982

Bergsson, M./Luckfield, H.: Umgang mit „schwierigen Kindern". Berlin 1998

Berndt, J./Busch, D./Schönwalder, H.-G. (Hrsg.): Schulstreß – Schülerstreß – Elternstreß. Bremen 1988

Bertalanaffy, L. v.: General System Theory. New York 1972

Black, I. B.: Symbole, Synapsen und Systeme. Die molekulare Biologie des Geistes. Heidelberg 1993

BLLV (Hrsg.): Was Schüler von der Schule halten. München 1988

Breuninger, H.: Lernstörungen aus systemischer Sicht. In: Pädagogisches Institut für die deutsche Sprachgruppe (Hrsg.): faul? dumm? Bozen 1995, S. 47–66

Büeler, X.: System Erziehung. Ein bio-psycho-soziales Modell. Bern 1994

Büttner, M (Hrsg.): Neue Lerninhalte für eine neue Schule. Neuwied 1992

Buzan, T.: Kopftraining. Anleitung zum kreativen Denken. München 1989 (6. Aufl.)

Buzan, T.: Nichts vergessen! Kopftraining für ein Supergedächtnis. Wiesbaden 1986

Carle, U.: Kind-Umfeld-Diagnose zwischen schulischem Handwerkszeug und qualitativem Forschungsverfahren. In: Friebertshäuser, B./Prengel, A. (Hrsg.): Handbuch Qualitative Forschungsmethoden in der Erziehungswissenschaft. München 1997, S. 711–730

Castner, Th./Koch, K.: Lernen ohne Angst und Streß. Einführung der Suggestopädie in den Schulunterricht. Darmstadt 1996 (2. Aufl.)

Csikszentmihaly, M.: Kreativität. Stuttgart 1997 (3. Aufl.)

Csikszentmihaly, M.: Das Flow-Erlebnis. Jenseits von Angst und Langeweile: im Tun aufgehen. Stuttgart 1987 (2. Aufl.)

v. Cube, F./Alshuth, D.: Fordern statt Verwöhnen. Die Erkenntnisse der Verhaltensbiologie in Erziehung und Führung. München 1989

Czerwenka, K. u. a.: Schülerurteile über die Schule. Bericht über eine internationale Untersuchung. Frankfurt/M. 1990

Dann, H.-D.: Subjektive Theorien: Irrwege oder Forschungsprogramm? In: Montada, K. u. a. (Hrsg.): Kognition und Handeln. Stuttgart 1983, S. 77–92

Decker, F.: Die neuen Methoden des Lernens und der Veränderung. Lichtenau 1996
Decy, E. L./Ryan, R. M.: A motivational approach to self: integration in personality. In: Dienstbier, R. (Hrsg.): Symposium on motivation. Vol. 38. Nebraska 1991
Dennison, P./Dennison, G.: Lehrerhandbuch Brain Gym. Freiburg 1991
Dittrich, K. A.: Schulschwierigkeiten – eine Schwierigkeit des Schülers, seiner Eltern, des Lehrers oder der Schule? In: Die deutsche Schule 1987, S. 103–116
Doehlemann, M.: Von Kindern lernen. Zur Position des Kindes in der Welt der Erwachsenen. München 1979
Dollase, R.: Entwicklung und Erziehung. Stuttgart 1985
Duncker, L./Maurer, F./Schäfer, G. E. (Hrsg.): Kindliche Phantasie und ästhetische Erfahrung. Langenau-Ulm 1993 (2. Aufl.)
Duncker, L./Popp, W. (Hrsg.): Über Fachgrenzen hinaus. Chancen und Schwierigkeiten des fächerübergreifenden Lehrens und Lernens. Heinsberg 1997
Ebert, S.: Zur Einführung. In: Fatke, R. (Hrsg.): Ausdrucksformen des Kinderlebens. Bad Heilbrunn 1994, S. 7–8
Edelmann, G.: Unser Gehirn – Ein dynamisches System. München 1993
Ehmann, H.: Ist mein Kind Legastheniker? Ein Ratgeber zur Lese- und Rechtschreibschwäche. München 1995
Einsiedler, W.: Grundschulkinder und die Lebenswelt Medien. Erlangen 1993
Elbing, E.: Lebensraum Schule im Urteil der Schüler. Regensburg 1993
Erdmann, J. W./Rückriem, G./Wolf, E. (Hrsg.): Jugend heute. Wege in die Autonomie. Bad Heilbrunn 1996
Ernst, H.: Humanistische Schulpädagogik. Bad Heilbrunn 1993
Faller, K.: Mediation in der pädagogischen Arbeit. Mülheim 1994
Fatke, R. (Hrsg.): Ausdrucksformen des Kinderlebens. Bad Heilbrunn 1994
Fatke, R.: Die Bedeutung von Ausdrucksformen des Kinderlebens für die Entwicklung und Erziehung der Kinder. In: Fatke, R. (Hrsg.): Ausdrucksformen des Kinderlebens. Bad Heilbrunn 1994, S. 107–114
Feldmann, K.: Schüler helfen Schülern. München 1980
Ferchhoff, W./Sander, U./Vollbrecht, R. (Hrsg.): Jugendkulturen – Faszination und Ambivalenz. Weinheim 1995
Fichten, W.: Unterricht aus Schülersicht. Die Schülerwahrnehmung von Unterricht als erziehungswissenschaftlicher Gegenstand und ihre Verarbeitung im Unterricht. Frankfurt/M. 1993
Firnhaber, M.: Legasthenie und andere Wahrnehmungsstörungen. Wie Eltern und Lehrer helfen können. Frankfurt/M. 1997
Flammer, A.: Entwicklungstheorien. Psychologische Theorien der menschlichen Entwicklung. Bern 1996 (2. Aufl.)
Fölling-Albers, M. (Hrsg.): Veränderte Kindheit – veränderte Grundschule. Frankfurt/M. 1997 (2. Aufl.)
Fölling-Albers, M.: Schulkinder heute. Auswirkungen veränderter Kindheit auf Unterricht und Schulleben. Oldenburg 1991
Friedrich Jahresheft 1997: Lernmethoden, Lehrmethoden. Wege zur Selbständigkeit. Seelze 1997
Fromm, M.: Die Sicht der Schüler in der Pädagogik. Weinheim 1987
Fuchs, H./Graichen, W. U.: Bessere Lernmethoden. München 1990
Galperin, J. P.: Die Entwicklung der Untersuchungen über die Bildung geistiger Operationen. In: Hiebisch, H. (Hrsg.): Ergebnisse der sowjetischen Psychologie. Berlin 1967, S. 367–405
Gassur, P.: Didaktische Impulse zu den Erweiterten Lernformen und zu einer Neuen Lernkultur. Gerlafingen 1993
Gardner, H.: Der ungeschulte Kopf. Wie Kinder denken. Stuttgart 1994
Gerstenmaier, J./Mandl, H.: Wissenserwerb unter konstruktivistischer Perspektive. In: Zeitschrift für Pädagogik 1995, S. 867–886
Gillich, G.: Selbst, Selbsttätigkeit, Selbständigkeit. Frankfurt/M. 1993

Göldner, H.-D. (Hrsg.): Schwierige Schüler – was tun? Ein Ratgeber für die Unterrichtspraxis. München 1992 (2. Aufl.)
Graef, R./Preller, R.-D. (Hrsg.): Lernen durch Lehren. Rimbach 1994
Gudjons, H.: Die Themenzentrierte Interaktion – ein Weg zum ganzheitlichen Unterricht. In: Lehrer-Schüler-Unterricht. Handbuch für den Schulalltag. Stuttgart 1995
Haecker, H./Werres, W.: Schule und Unterricht im Urteil der Schüler. Bericht einer Schülerbefragung in der Sekundarstufe I. Frankfurt/M. 1983
Hagstedt, H./Hildebrand-Nilshon, M. (Hrsg.): Schüler beurteilen Schule. Analyse und Interpretation von Dokumenten zum Schulalltag aus dem Blickwinkel von Schülern. Düsseldorf 1980
Hamann, B.: Pädagogische Anthropologie. Bad Heilbrunn 1993 (2. Aufl.)
Hammersley, M.: Classroom Ethnography. Empirical and Methodological Essays. Milton Keynes 1990
Hauke, B.: Das Vorverständnis von Schülern im Unterricht. Beiträge zu einem Konzept im Rahmen einer schülerbezogenen Didaktik. Berlin 1987
Heckhausen, H.: Förderung der Lernmotivation und der intellektuellen Tüchtigkeiten. In: Roth, H. (Hrsg.): Begabung und Lernen. Stuttgart 1969, S. 193–228
Heesen, B.: Klein aber clever. Nachdenken und Philosophieren mit Kindern. München 1998
Heiner, M. u. a.: Methodisches Handeln in der Sozialen Arbeit. Freiburg 1994
Heinze, Th.: Schülertaktiken. München 1980
Helbig, P.: Begabung im pädagogischen Denken. Weinheim 1988
Heller, K. A.: Förderung von Hochbegabten. In: Bayerisches Staatsministerium für Unterricht, Kultus, Wissenschaft und Kunst (Hrsg.): Wissen und Werte für die Welt von morgen. München 1998, S. 191–212
Heller, K. A. (Hrsg.): Hochbegabung im Kindes- und Jugendalter. Göttingen 1992
Hennig, C./Keller, G.: Lehrer lösen Schulprobleme. Donauwörth 1993 (2. Aufl.)
Hennig, C./Keller, G.: Anti-Stress-Programm für Lehrer. Donauwörth 1995
Hensel, H.: Die neuen Kinder und die Erosion der alten Schule. Lichtenau 1993
Henz, H.: Bildungstheorie. Frankfurt/M. 1991
Herzog, W.: Die Banalität des Guten. In: Zeitschrift für Pädagogik 1991, S. 41 ff.
Hierdeis, H./Hug, Th.: Pädagogische Alltagstheorie und erziehungswissenschaftliche Theorien. Bad Heilbrunn 1992
Hitzler, W./Keller, G.: Rechenschwäche. Formen, Ursachen, Förderung. Donauwörth 1996 (2. Aufl.)
Holtappels, H. G.: Schulprobleme und abweichendes Verhalten aus der Schülerperspektive. Bochum 1987
Hüholdt, J.: Wunderland des Lernens. Lernbiologie, Lernmethodik, Lerntechnik. Bochum 1995 (10. Aufl.)
Hurrelmann, K./Ulich, D. (Hrsg.): Neues Handbuch der Sozialisationsforschung. Weinheim 1995 (4. Aufl.)
Hurrelmann, K.: Familienstreß – Schulstreß – Freizeitstreß. Weinheim 1990
Hurrelmann, K.: Lebensphase Jugend. Eine Einführung in die sozialwissenschaftliche Jugendforschung. Weinheim 1994
Huyssen, A./Scherpe, K. (Hrsg.): Postmoderne. Zeichen eines kulturellen Wandels. Reinbek 1986
Janke, K./Niehues, S.: Echt abgedreht – Die Jugend der 90er Jahre. München 1995
Jürgens, E.: Die „neue" Reformpädagogik und die Bewegung Offener Unterricht. St. Augustin 1996 (3. Aufl.)
Jürgens, E.: Offener Unterricht im Spiegel empirischer Forschung. In: Pädagogische Rundschau 6 (1997), S. 677–697
Kanders, M./Rolff, H.-G.: Schülerinnen und Schüler als Koproduzenten im „Haus des Lernens"? Was SekundarschülerInnen über Schule, Lehrer und Unterricht denken. In: Erziehung und Wissenschaft 1996, S. 48 ff.
Kazemi-Veisari, E.: Von Kindern lernen – mit Kindern leben. Freiburg 1995

Keller, G.: Pädagogische Psychologie griffbereit. Donauwörth 1994
Kirckhoff, M.: Mind Mapping. Berlin 1989
Kleinert, J.: Artikel „Klassenrat". In: Hecht, D. H./Sandfuchs, U. (Hrsg.): Grundschule von A bis Z. Braunschweig 1993, S. 129–130
Klewes, J.: Retroaktive Sozialisation. Weinheim 1983
Klippert, H.: Kommunikations-Training. Weinheim 1996 (3. Aufl.)
Klippert, H.: Methoden-Training. Übungsbausteine für den Unterricht. Weinheim 1997 (6. Aufl.)
Klippert, H.: Teamentwicklung im Klassenraum. Weinheim 1998
Köhnlein, W.: Grundlegende Bildung und Curriculum des Sachunterrichts. In: Biester, W. (Hrsg.): Denken über Natur und Technik. Bad Heilbrunn 1991, S. 9–23
Kösel, E.: Die Modellierung von Lernwelten. Ein Handbuch zur subjektiven Didaktik. Elztal-Dalau 1995 (2. Aufl.)
Koslowski, P./Spaemann, R./Löw, R. (Hrsg.): Moderne oder Postmoderne. Weinheim 1986
Krenz, A.: Was Kinderzeichnungen erzählen. Stuttgart 1997 (3. Aufl.)
Krenz, A.: Das wollen uns Kinder sagen. In: Weltbild 24/1997, S. 36–38
Kruse, L. u. a. (Hrsg.): Ökologische Psychologie. München 1990
Leinhofer, G.: Verhalten als Botschaft. Auffälliges Verhalten von Kindern als Problem und Appell. Donauwörth 1991 (2. Aufl.)
Lenk, H. (Hrsg.): Handlungstheorien – interdisziplinär. Bd. 1–4. München 1977/1984
Lenzen, D. (Hrsg.): Die Struktur der Erziehung und des Unterrichts. Kronberg 1976
Lenzen, D. (Hrsg.): Pädagogik und Alltag. Methoden und Ergebnisse alltagsorientierter Forschung in der Erziehungswissenschaft. Stuttgart 1980
Lenzen, D.: Artikel „Alltag". In: Lenzen, D. (Hrsg.): Pädagogische Grundbegriffe. Bd. 1. Reinbek 1983, S. 27–37
Lerner, R.M.: Jugendliche als Produzenten ihrer eigenen Entwicklung. In: Olbricht, E./Todt, E. (Hrsg.): Probleme des Jugendalters. Neuere Sichtweisen. Berlin 1984, S. 69–87
Luhmann, N.: Soziale Systeme – Grundriß einer allgemeinen Theorie. Frankfurt/M. 1984
Lukesch, H.: Video im Alltag der Jugend. Regensburg 1989
Lurija, A. R.: Das Gehirn in Aktion. Einführung in die Neuropsychologie. Reinbek 1993
Macha, H.: Pädagogisch-anthropologische Theorie des Ich. Bad Heilbrunn 1989
Macha, H./Solzbacher, C. (Hrsg.): Zur Aktualität des personalen Menschenbildes. Frankfurt/M. 1996
Macha, H.: Die Fortschreibung des personalen Menschenbildes durch die systemische Pädagogik – die Welt der Kinder in den ersten Lebensjahren. In: Macha, H./Solzbacher, C. (Hrsg.): Zur Aktualität des personalen Menschenbildes. Frankfurt/M. 1996, S. 74–96
Malsch, B.: Schulpsychologie. Frankfurt/M. 1994
Manz, W.: Sozialpsychologie als Einstellungsforschung. Hagen 1980
Markowitsch, H. J.: Neuropsychologie des menschlichen Gedächtnisses. In: Spektrum der Wissenschaft 4/97, S. 24–33
Maturana, H.: Erkennen: Die Organisation und Verkörperung von Wirklichkeit. Braunschweig 1982
Mertens, G.: Auf dem Weg in die Postmoderne? Pädagogische Anfragen und Perspektiven. In: Vierteljahrsschrift für wiss. Pädagogik 1991, S. 23–44
Mertens, G.: Umwelterziehung. Eine Grundlegung ihrer Ziele. Paderborn 1989
Meyer, H.: UnterrichtsMethoden. Bd. 1 u. 2. Frankfurt/M. 1994 (6. Aufl.)
Mietzel, G.: Wege in die Entwicklungspsychologie. Kindheit und Jugend. München 1989
Möckel, A.: Lese-Schreibschwäche als didaktisches Problem. Bad Heilbrunn 1997
Müller, K. (Hrsg.): Konstruktivismus. Lehren – Lernen – Ästhetische Prozesse. Neuwied 1996
Nickel, H. (Hrsg.): Psychologie der Entwicklung und Erziehung. Pfaffenweiler 1993
Nölle, V.: Schüler sehen Schule anders. Frankfurt/M. 1995
Oelkers, J.: Die Wiederkehr der Postmoderne. Pädagogische Reflexionen zum neuen Fin de siècle. In: Zeitschrift f. Pädagogik 1987, S. 21–40
Oerter, R./Montada. L.: Entwicklungspsychologie. Ein Lehrbuch. München 1982

Otto, G.: Was ist ästhetisch an der Pädagogik, was ist pädagogisch an der Ästhetik? In: Bildung und Erziehung 1982, S. 115–135
Petillon, H.: Der Schüler. Rekonstruktion der Schule aus der Perspektive von Kindern und Jugendlichen. Darmstadt 1987
Poschardt, D.: Schule und Jugendkultur – ein Nicht-Verhältnis? In: Schumann, W. (Hrsg.): In der Hauptschule unterrichten. Bad Heilbrunn 1996, S. 232–251
Postman, N.: Wir amüsieren uns zu Tode. Frankfurt/M. 1985
Potschka, H.: Pädagogische Verantwortung. Bad Heilbrunn 1996
Preuß, E.: Leistungserziehung, Leistungsbeurteilung und innere Differenzierung in der Grundschule. Bad Heilbrunn 1994
Reich, K.: Systemisch-konstruktivistische Pädagogik. Neuwied 1997 (2. Aufl.)
Reich, K.: Thesen zur konstruktivistischen Didaktik. In: Pädagogik, H. 7–8, 1998, S. 43–46
Reinert, G.-B./Zinnecker, J. (Hrsg.): Schüler im Schulbetrieb. Berichte und Bilder vom Lernalltag, von Lernpausen und vom Lernen in den Pausen. Reinbek 1978
Reuter-Biehlig, H.-M.: „Geh doch ins Streitschlichterbüro". In: Lernchancen 4 (1998), S. 31–45
Rheinberg, F./Fries, St.: Förderung der Lernmotivation: Ansatzpunkte, Strategien und Effekte. In: Psychologie in Erziehung und Unterricht 44 (1998), S. 168–184
Rieder-Aigner, H.: Kollegiale Beratung als Beitrag zur Schulkultur. In: Pädagogische Welt 1995, S. 507–510
Riegel, K. F. (Hrsg.): Zur Ontogenese dialektischer Operationen. Frankfurt/M. 1978
Riegel, K. F.: Ansätze zu einer dialektischen Theorie der Entwicklung, In: Riegel, K. F. (Hrsg.): Zur Ontogenese dialektischer Operationen. Frankfurt/M. 1978, S. 75–96
Rolff, H.-G./Zimmermann, P.: Kindheit im Wandel. Weinheim 1990 (2. Aufl.)
Roth, G.: Das Gehirn und seine Wirklichkeit. Frankfurt/M. 1994
Roth, H.: Pädagogische Psychologie des Lehrens und Lernens. Hannover 1971
Schäfer, G. E.: Aus der Perspektive des Kindes? Von der Kindheitsforschung zur ethnologischen Kinderforschung. In: Neue Sammlung 1997, S. 377–394
Schepping, J.: Verhaltensauffälligkeiten im Kindergarten und Hort. Donauwörth 1995 (8. Aufl.)
Schiefele, H./Krapp, A.: Aus Interesse lernen. Mit Interesse lernen. München 1990
Schiefele, H./Prenzel, M.: Motivation und Interesse. In: Roth, L. (Hrsg.): Pädagogik. München 1991, S. 813–823
Schmidt-Denter U./Manz, W.: Entwicklung und Erziehung im ökopsychologischen Kontext. München 1991
Schratz, M./Steiner-Löffler, U.: Unterricht ist mehr. In: Lernende Schule. H. 2/1998, S. 4–7
Schröder, H.: Theorie und Praxis der Erziehung. Herausforderung an die Schule. München 1995
Schröder, H.: Artikel „Ganzheit". In: Schröder, H.: Grundwortschatz Erziehungswissenschaft. München 1992 (2. Aufl.), S. 109–113
Seemann-Girrbach, R./Staudinger, G.: Bewegung im Klassenzimmer! Regensburg 1995
Seidenspinner, F./Körner, A. (Hrsg.): Auf der Suche nach der Perspektive des Kindes. Gießen 1992
Selter, Ch./Spiegel, R.: Wie Kinder rechnen. Leipzig 1997
v. Senger, H.: Ganzheit im chinesischen Denken. In: Thomas, C. (Hrsg.): Auf der Suche nach dem ganzheitlichen Augenblick. Zürich 1972, S. 63–82
Sommer-Stumpenhorst, N.: Lese- und Rechtschreibschwierigkeiten: vorbeugen und überwinden. Berlin 1993 (3. Aufl.)
Speck, O.: Chaos und Autonomie in der Erziehung. München 1997 (2. Aufl.)
Struck, P.: Die Kunst der Erziehung. Darmstadt 1996
Theunert, G.: Mordsbilder: Kinder und Fernsehinformation. Berlin 1995
Thiemann, F. (Hrsg.): Konturen des Alltäglichen. Interpretationen zum Unterricht. Königstein 1980

Thompson, R. F.: Das Gehirn. Von der Nervenzelle zur Verhaltenssteuerung. Heidelberg 1994
Tulodziecki, G.: Unterricht mit Jugendlichen. Bad Heilbrunn 1994 (2. Aufl.)
Tyson, P./Tyson, R. L.: Psychoanalytische Entwicklungspsychologie. Stuttgart 1993
Valtin, R./Flitner, E./Walper, S.: Mit den Augen der Kinder. Freundschaft, Geheimnisse, Lügen, Streit und Strafe. Reinbek 1991
Vester, F.: Denken, Lernen, Vergessen. Was geht in unserem Kopf vor, wie lernt das Gehirn und wann läßt es uns im Stich? München 1998 (Neuauflage)
Vorsmann, N./Voß, R. (Hrsg.): Den Schüler ernst nehmen. Essen 1982
Voß, R. (Hrsg.): SchulVisionen. Theorie und Praxis systemisch-konstruktivistischer Pädagogik. Heidelberg 1998
Wagenschein, M.: Kinder auf dem Wege zur Physik. Weinheim 1990
Wagenschein, M.: Naturphänomene sehen und verstehen. Genetische Lehrgänge. Stuttgart 1980
Wagenschein, M.: Ursprüngliches Verstehen und exaktes Denken. Bd. 1 u. 2. Stuttgart 1965/1970
Wagner, A. C./Maier, S./Uttendorfer-Marek, J./Weidle, R. H.: Unterrichtspsychogramme. Was in den Köpfen von Lehrern und Schülern vorgeht. Reinbek 1981
Waibel, E. M.: Erziehung zum Selbstwert. Donauwörth 1998 (2. Aufl.)
Wallrabenstein, W.: Offene Schule – Offener Unterricht. Reinbek 1993 (2. Aufl.)
Watzlawick, P. (Hrsg.): Die erfundene Wirklichkeit. Wie wissen wir, was wir zu wissen glauben? Beiträge zum Konstruktivismus. München 1985
Weber, E.: Pädagogik. Eine Einführung. Bd. 1, Teil 1, Donauwörth 1995
Weber, E.: Pädagogik. Eine Einführung. Bd. 1. Teil 2. Donauwörth 1996
Weinert, F.: Qualität und Leistung in der Schule – brauchen wir eine neue Lernkultur? In: Forum e 2/1999, S. 8–12
Weinert, F. (Hrsg.): Psychologie des Lernens und der Instruktion. Göttingen 1996
Weinert, F.: Neue Unterrichtskonzepte zwischen gesellschaftlichen Notwendigkeiten, pädagogischen Visionen und psychologischen Möglichkeiten. In: Bayerisches Staatsministerium für Unterricht, Kultus, Wissenschaft und Kunst (Hrsg.): Wissen und Werte für die Welt von morgen. München 1998, S. 101–125
Welsch, W.: Ästhetisches Denken. Stuttgart 1990
Werning, R.: Konstruktivismus. Eine Anregung für die Pädagogik. In: Pädagogik, H. 7-8, 1998, S. 39–41
Wiater, W.: Die ethnografische Sicht des Kindes. In: Lernchancen H. 2/1998a, S. 73–75
Wiater, W.: Rechenschwach – was nun? In: Lernchancen H. 3/1998b, S. 6–12
Wiater, W.: Lesen und schreiben: schwach. In: Lernchancen H. 9/1999, S. 6–12
Wiater, W.: Unterrichten und lernen in der Schule. Eine Einführung in die Didaktik. Donauwörth 1997 (2. Aufl.)
Willke, H.: Systemtheorie I. Stuttgart 1993 (4. Aufl.)
Willke, H.: Systemtheorie II: Interventionstheorie. Stuttgart 1994
Wygotski, L. S.: Denken und Sprechen. Frankfurt/M. 1977
Zinnecker, J.: Grundschule als Lebenswelt des Kindes. Plädoyer für eine pädagogische Ethnographie. In: Bartmann, Th./Ulonska, H. (Hrsg.): Kinder in der Grundschule. Anthropologische Grundlagenforschung. Bad Heilbrunn 1996, S. 41–74
Zinnecker, J.: Pädagogische Ethnographie. Ein Plädoyer. In: Behnken, I./Jaumann, O. (Hrsg.): Kindheit und Schule. Weinheim 1995, S. 21–38
Zinnecker, J.: Schule gehen Tag für Tag. München 1982
Zumhasch, C.: Schulische Beratung aus der Perspektive von Schülern. Frankfurt/M. 1999

Stichwortverzeichnis